상도록

창업편

商道錄

상도록

하영균 지음

도슨트

목차

프롤로그

CHAPTER 1. 창업조사: 무엇을 시작할 것인가?

001_책은 1페이지부터 시작한다 | 002_팔 것과 사줄 고객을 명확히 | 003_3가지 형태의 포트폴리오 | 004_시장 진입의 시작 | 005_나에게 맞는 칼 | 006_숨겨진 근육 찾기 | 007_내 아이디어를 노(NO)하는 용기 | 008_창조의 시작은 모방 | 009_늦는 만큼 손해다 | 010_높을 때는 높게, 낮을 때는 낮게 | 011_과녁을 실제보다 더 높게 보라 | 012_경쟁 원칙에 집중하라 | 013_나이는 생각보다 중요하다 | 014_남보다 잘할 수 있는 일 | 015_트렌드를 파악하지 못하면 끝이다 | 016_숨은 욕망을 찾아라 | 017_아이템을 충동적으로 정하면 | 018_경쟁력 있는 상품이 필요하다 | 019_핵심 고객이 있는 곳에 전을 펴라 | 020_사업은 도전이다 | 021_맞는 사업을 하면 행복하다 | 022_처음부터 완벽한 계획은 없다

CHAPTER 2. 창업 마인드: 어떤 생각으로 접근할 것인가?

023 아이디어가 뿌리 내리려면 | 024 기회의 신은 뒷머리가 없다 | 025 리더의 수준 | 026 오늘 걷지 않으면 내일은 뛰어야 한다 | 027 함부로 주지도, 받지도 마라 | 028 마음의 중심을 잡아라 | 029 콩 심은 데 콩 나는 진리 | 030 절박해야 살아남는다 | 031 나에게 쉬운 사업은 남에게도 쉽다 | 032 시간 약속이라도 지켜라 | 033 결과 없는 행동은 무의미하다 | 034 아이디어와 네트워크 | 035 가던 길, 만나는 사람을 벗어나라 | 036 평생 함께 할 사람을 찾아라 | 037 싸움은 속도와 기술로 하는 것이다 | 038 성공한 사람들을 많이 만나라 | 039 천리마를 알아보는 사람 | 040 좋아하는 걸 만들면 망한다 | 041 증명은 백 배나 더 어렵다 | 042 미래가 없는 사람과 상종하지 마라 | 043 마음과 시간 분배 | 044 긍정적인 질문을 던져라 | 045 뜸을 오래 들이면 밥이 탄다 | 046 성공하는 방법은 따로 있다 | 047 기회와 위협은 같이 자란다 | 048 경쟁심은 필수이다 | 049 계획에는 늘 부족함이 따른다 | 050 자주, 작게 연습하라 | 051 만족할 줄 모르면 화를 입는다 | 052 목표가 분명하면 참을 수 있다 | 053 귀가 얇으면 사업도 얇아진다 | 054 30대는 무모하기 쉽다 | 055 40대는 유혹에 약하다 | 056 50대는 열정이 식는다

CHAPTER 3. 사업모델: 어떻게 구체화할 것인가?

057 이익은 내부에서 | 058 과거를 무시하면 미래도 없다 | 059 집중은 선택 | 060 본전은 생각하지 마라 | 061 목표는 단순하게 | 062 보이지 않는 비즈니스가 더 중요하다 | 063 시스템으로 경쟁하라 | 064 첫 제품은 매우 중요하다 | 065 집요하게 파고들어라 | 066 숨기지 않아도 훔칠 수 없게 만들라 | 067 변하지 않는 비즈니스 플랫폼 | 068 전략적인 기회를 잡아라 | 069 사람은 누구나 회의주의자이다 | 070 새로운 시장, 새로운 경쟁법칙 | 071 열 개 중 하나는 건진다 | 072 산업의 라이프 사이클 | 073 취급 품목을 최대한 줄여라 | 074 사업의 주기를 알아라 | 075 욕심내면 사기 당한다 | 076 사업의 기브 앤 테이크(Give&Take) | 077 변하는 것과 변하지 않는 것 사이 | 078 트렌드만 쫓다가 길을 놓친다 | 079 나만의 프레임을 가져라 | 080 삼 년 가는 로드맵은 없다 | 081 언론이 떠드는 말을 다 믿지 마라 | 082 원칙을 깨는 것이 곧 혁신이다 | 083 개념의 혁신이 곧 미래 경영이다 | 084 효율에서 기회로 | 085 비즈니스 모델을 가지려면

CHAPTER 4. 조직설계: 어떤 조직을 이룰 것인가?

086. 조직은 리더가 만든다 | 087. 아이에게 운전을 맡기면? | 088. 십인십색 | 089. 충분히 시험하고 믿어라 | 090. 누구에게나 한 가지 재주는 있다 | 091. 반드시 이인자가 있어야 한다 | 092. 오픈 마인드가 인재를 모은다 | 093. 직원의 잘못을 들추지 마라 | 094. 거래처는 되도록 주변에 두라 | 095. 사람을 알려면 눈을 보라 | 096. 능력치를 알고 써라 | 097. 갈수록 파트너는 중요하다 | 098. 직원을 편애하지 마라 | 099. 조직관리의 핵심 | 100. 원원(win-win)하는 교육법 | 101. 인재가 없는 것이 아니다 | 102. 예스(Yes)맨을 조심하라 | 103. 평범한 사람이 더 좋다 | 104. 신중하게 소개하고 소개 받아라 | 105. 가족은 중요한 인력이다 | 106. 신규 사업에는 순발력이 필요하다 | 107. 생존력이 곧 경쟁력이다

CHAPTER 5. 연구개발: 무엇을 만들 것인가?

108. 제품을 만들었다고 다가 아니다 | 109. 고객에게 물어 보라 | 110. 불만은 창의력의 출발점이다 | 111. 이십 년이면 핵심기술이 바뀐다 | 112. 특허보다 더 중요한 것 | 113. 기술 다음에 오는 기회 | 114. 팀워크가 곧 효율이다 | 115. 단품으로 승부하라 | 116. 비즈니스는 샘플로부터 시작된다 | 117. 데이터 분석이 핵심이다 | 118. 팔 수 있는 제품을 찾아라 | 119. 출시 시기를 놓치지 마라 | 120. 매몰비용을 인전하라 | 121. 경험을 팔면 오래 간다 | 122. 제품 수명이 점점 짧아진다 | 123. 어려운 시기에 할 일은 따로 있다 | 124. 타협하면 잠깐 동안 편하다

CHAPTER 6. 마케팅: 어떻게 팔 것인가?

125. 꿈이 있어야 한다 | 126. 원칙의 브랜드화 | 127. 규범과 상식을 버려라 | 128. 고객을 만나고 또 만나라 | 129. 감동 없는 상품이 팔릴 리 없다 | 130. 소통이 사업을 확장시킨다 | 131. 마케팅이 곧 경영이다 | 132. 고객으로부터 장점을 알아내라 | 133. 차별화된 경쟁력 | 134. 경영자가 직접 선택하라 | 135. 고객이 받아들이는 데는 시간이 걸린다 | 136. 지리적 불리함을 극복하려면 | 137. 심플하게 이해하고 말하라 | 138. 준비 없이는 새로운 시장도 소용없다 | 139. 환경 탓, 사람 탓을 하지 마라 | 140. 고객이 있는 곳에 가라 | 141. 변화에 저항하지 마라 | 142. 브랜드 정신이 필요하다 | 143. 시작은 니치 브랜드이다 | 144. 추종자가 아닌 선두자가 돼라

CHAPTER 7. 창업 실행: 경영자가 되어 보라

145_환경을 탓하지 마라 | 146_믿음이란 행동하는 것 | 147_누구와 손을 잡을 것인가 | 148_상황이 항상 우리 편일 수 없다 | 149_많이 가지면 시야가 좁아진다 | 150_뿌리를 봐야 해법을 찾는다 | 151_경쟁의 핵심, 단순함 | 152_버려야 채워진다 | 153_꿈꾸는 만큼 이뤄진다 | 154_위기는 파도이다 | 155_위기가 기회라는 흔한 말 | 156_문제 속에 답이 있다 | 157_마음도 정리 정돈하라 | 158_멀리 보고 준비하라 | 159_시기마다 역할이 다르다 | 160_조직의 문제는 리더의 문제이다 | 161_할 수 있는 일에서 성과가 난다 | 162_잘못 가면 돌아오지 못한다 | 163_미쳤다는 말을 들어야 성공한다 | 164_내 스타일부터 알아야 한다 | 165_생각이 흐트러지면 사업도 흐트러진다 | 166_최선을 꿈꾸고 최악에 대비하라 | 167_제대로 된 질문을 준비하라 | 168_문제를 찾으려면 불을 밝혀라 | 169_꼭 해야 하는 일이 먼저다 | 170_오만하면 100% 망한다 | 171_의심스러우면 조사하라 | 172_깃발을 바로 세워라 | 173_지형을 이용하라 | 174_즐겨야 성공한다 | 175_모든 일을 잘할 수 없다 | 176_연습을 많이 하면 운이 따른다 | 177_바꿀 수 없는 일에는 신경 쓰지 마라 | 178_한두 번 시도하고 결과를 바라지 마라 | 179_문제에 답이 없을 때 | 180_직관을 믿어도 좋다 | 181_절대로 제물이 되지 말라 | 182_보기 싫은 것을 먼저 보라 | 183_활을 쏴야 참새라도 잡는다 | 184_발표력을 길러라

CHAPTER 8. 초기 창업: 사업의 성패가 결정되는 시간

185_진화하는 사업, 도태되는 사업 | 186_승부를 결정짓는 최악의 위기 | 187_자신을 믿지 못하면? | 188_초기 여섯 달이 성패를 결정한다 | 189_곧 망한다고 생각해보라 | 190_외형에 집착하지 마라 | 191_소유권을 명확히 하라 | 192_처음 석 달이 중요하다 | 193_사업을 평론하지 마라 | 194_일 만 시간의 법칙 | 195_자신감이 작아지게 돼 있다 | 196_실패는 시도했기 때문에 발생한다 | 197_만 원을 벌더라도 기뻐야 한다 | 198_안장을 올렸으면 달려라 | 199_월세나 이자는 줄여야 한다 | 200_사업장과는 떨어지지 마라 | 201_제일 먼저 식구를 챙겨라 | 202_힘이 약하면 남의 힘을 빌려라 | 203_몸을 가볍게 하라 | 204_고정지출을 줄여라 | 205_막연한 낙관주의는 금물이다 | 206_예상 수입의 정의 | 207_정상 궤도 안착에 집중하라 | 208_허세를 경계하라 | 209_빚으로 시작하지 마라

프롤로그
사업에서 절대로 망하지 않는 법

/

상도록을 쓰기 시작한 것은 사업을 시작한 그 이듬해부터였다. 처음에는 주로 유명 경영학자들이 쓴 저서를 섭렵했는데 책을 읽다가 보니 답답한 점이 많았다. 한국의 중소기업 경영자들에게 도움이 되는 조언을 얻고 싶었지만 찾기 어려웠다. 나라도 사업에 관한 철학과 노하우를 정리해야겠다고 생각해서 한 편씩 쓰기 시작한 것이 상도록이다.

'상도록'이라고 제목을 지은 것은 최인훈의 소설 《상도》를 읽고 감명을 받아서였다. 소설을 읽고 기업하는 사람에게는 상도가 반드시 필요하다는 생각을 들었다. '한국 중소기업들에게 맞는 경영이 무엇일까?' 하는 생각을 하게 된 것도 소설 《상도》를 읽으면서였다.

나의 아버지는 50년이 넘게 사업을 하시면서 무려 17번이나 실패를 하셨다. 하지만 지금 팔순이 넘은 연세에도 사업을 하고 있고 가족 중에서 가장 왕성하게 활동하신다. 17번 실패했다는 말은 다시 말하면 18번 일어날 힘과 의지를 가진

분이라는 뜻이다. 청년 시절에 잠시 직장을 다니신 것 빼고는 끊임없이 사업에 도전하면서 망하고 또 망하셨다.

직접 사업을 해보니까 그동안 아버지의 사업을 과소평가했다는 생각이 들었다. 아버지 나름의 사업 수완이 있었으니까 그렇게 망하고도 여전히 사업을 하고 계신 것 아닐까. 그 모습을 보면서 많은 생각을 했고 지금 와서 돌아보면 존경스럽기까지 하다.

어린 시절, 나는 내가 사업을 하면 절대 망하지 않는 사업을 할 것이라고 다짐했다. 그런데 창업하자마자 1년이 지나고 첫 번째 사업이 망했다. 사업을 너무 쉽게 보고 덤빈 것이다. 내가 알지 못하는 보다 더 구체적인 문제들이 수도 없이 많을 텐데 그것은 직접 경험하지 않고는 알 수 없었다. 경영학 책에도 그런 것들은 나오지 않는다.

'망하지 않는 사업 방법은 없을까' 하는 생각과 '그렇다면 어떤 조언에 귀 기울여야 망하지 않을까' 하는 생각에 골몰했다. 좋은 생각이 떠오를 때마다 적어 두고 나중에 다시 보기 위해서 정리했다. 사업을 하면서 남기고 싶은 기록, 사업가에게 반드시 필요하다고 느낀 것들을 정리했으므로 사업을 하는 사람들에게 도움이 될 것이라고 확신했다. 글의 분량이 어느 정도 쌓이면서 우리 집 아이들이 사업을 하게 됐을 때

참고할 만한 책을 만들자고 생각했다. 비록 큰 재산을 물려주지 못하더라도 사업을 하면서 망하지는 않는 방법은 알려주고 싶었다.

상도록은 한마디로 말해서 망하지 않는 방법을 정리한 책이다. 사업을 잘하는 방법을 다룬 책은 헤아릴 수 없이 많다. 특히 미국식 경영학 도서에 담긴 성공 비결은 사업 환경이 다르고 문화가 다르고 규모가 다른데도 일반적으로 적용되는 원칙처럼 널리 공유된다. 그러나 망하지 않는 방법에 대해서 참고할 만한 책은 찾아보기 어렵다. 사실 한두 마디의 말로도 망하지 않는 방법을 알려 줄 있는데 수없이 많은 책을 읽어야 방법을 찾을 수 있다면 문제가 있는 것이다. 사업가는 경영학자가 아니므로 모든 이론을 알 수 없고, 알 필요도 없다.

상도록을 쓰면서 세상은 복잡해 보여도 결국엔 단순한 것이 진리에 가깝다는 것을 많이 느꼈다. 단순한 문장이지만 경험을 통해서만 알 수 있는 귀한, 사업가들이 명심하고 경계해야 할 것을 담고 싶었다. 한국 사회의 여러 가지 문제를 해결하는 방법 중에 하나로 사업가가 망하지 않는 것이라고 생각한다. 기업이 망하면 가정과 사회도 같이 병들기 때문이다.

사업을 시작했다면 망하지 않아야 한다. 적어도 몰라서 망해서는 안 된다. 알고도 힘에 부쳐서 망하는 것은 어쩔 수 없다. 하지만 몰라서 망하지는 않아야 한다.

한국의 기업가들이 가진 기업가정신이 세계 어느 나라의 그것보다 고귀하다고 생각한다. 그리고 그런 기업가정신이 제대로 뿌리내리고 발전하기를 기원한다. 상도록은 '절대 포기하지 마라'고 가르쳐 주신 아버지, 그리고 가시는 길을 마음 편하게 보내드리지 못한 어머니, 사업한다고 10여 년을 고생시킨 가족과 아직도 잠 못 이루며 고민하고 있을 이 땅의 모든 중소기업 사장님들에게 바친다. 많은 도움을 준 인생의 선배들과 이 책이 탄생할 수 있도록 상도록의 취지를 정확하게 이해해 준 출판사 대표님께도 다시 한 번 고마움을 전한다.

2017년 11월 저자 하영균

1

창업조사:
무엇을 시작할 것인가?

商道錄 001
책은 1페이지부터 시작한다

세상의 모든 책은 1페이지에서 시작한다. 사업도 마찬가지다. 사업도 처음부터 써나가야 한다. 책을 중간부터 쓰면 어떻게 될까? 흐름이 자연스럽지 못하고 책의 완성도가 떨어진다.

마찬가지로 사업도 처음부터 체계적으로 진행하지 않으면 허점이 생기고 그 허점은 손실로 이어진다. 가장 먼저 기본이 되는 것들을 정리하고 그것을 체계화 시키는 것이 중요하다.

때로는 어쩔 수 없이 순서가 뒤바뀌는 비즈니스도 있다. 이럴 때는 빠른 시간 내에 순서를 바로 잡아야 한다. 그 때를 놓치면 비즈니스를 지속할 수 없다. 좋은 비즈니스를 오래 하려면 처음부터 가고자 하는 방향을 잡아서 흐름대로 진행해야 한다. 비록 그것이 힘이 들더라도 말이다.

팔 것과 사줄 고객을 명확히

사람은 누구나 빈손으로 태어나서 빈손으로 떠난다. 그러나 사업은 가진 것 없이 시작할 수 없다. 사업은 최소한 두 가지는 가지고 시작해야 한다. 팔 수 있는 것, 그리고 사줄 고객 두 가지가 필요하다. 이 두 가지가 명확해지면 사업을 시작하고, 만일 하나만 명확하다만 준비하고 계획해야 한다.

둘을 모두 준비하고 시작하는 게 가장 좋지만 하나라도 명확하면 시작할 준비를 하면서 나머지를 조사하고 사업을 실행했을 때 문제가 없도록 만들면 된다. 이 두 가지는 사업의 규모가 커질 때도 항상 고민해야 한다. 사업이 커가면서 확장되는 영역은 새로운 사업에 도전한다는 생각으로 접근해야 한다. 팔 것과 살 고객을 명확히 아는 것은 사업가의 아주 강력한 지적 자산이고 힘이다.

3가지 형태의 포트폴리오

사업은 세 가지 형태의 포트폴리오로 이루어져야 한다. 매일 먹는 밥처럼 지속적인 비즈니스가 그 첫 번째다. 두 번째로 간식과 같이 다양한 이익을 추구할 수 있는 구조를 가져야 한다. 여기에 가끔 마시는 술처럼 커다란 수익을 얻을 수 있는 사업도 필요하다. 큰 이득은 지속적이지는 않지만 한두 번의 프로젝트를 통해서 수익을 창출할 수 있다. 밥과 같은 사업은 생존을 위해서, 간식과 같은 사업은 최소의 이익을 얻을 수 있는 사업으로, 술과 같은 초과 이득은 프로젝트성 투자를 통해서 도모해 보자.

이 세 가지의 조합이 제대로 이루어졌는지 확인하는 과정도 필요하다. 분석을 했는데 이중에 하나라도 부족하면 조속히 보완해야 한다. 좋은 포트폴리오가 오랫동안 사업을 지속할 수 있는 힘이 된다.

商道錄 004
시장 진입의 시작

나무를 벨 때, 나무의 결과 칼이 맞붙으면 날이 부러지고 만다. 나무의 결에 따라서 베야 안전하게 나무를 자를 수 있다. 시장에 진입할 때도 약한 부분을 치고 들어가야 한다. 그렇다면 약한 부분이 어디인가? 모든 시장에는 경쟁자들의 눈에 들지 않은, 진입의 지름길이 반드시 존재한다. 만일 그 길이 보이지 않는다면 고객의 불만이 가장 많은 곳이 지름길의 시작점이라고 보면 된다.

사업을 확장할 때도 고객의 욕망하는 것을 찾아내서 거기에 맞추면 된다. 어느 시장이든 진입의 지름길을 찾을 방법이 있다. 불만 없는 고객이 없고, 새로운 욕망이 없는 고객도 없다. 항상 기회는 존재한다. 다만 지름길을 찾지 못할 뿐이다.

005
나에게 맞는 칼

사람마다 맞는 칼이 따로 있다. 사업 전략도 나에게 맞는 전략이 따로 있다. 수없이 많은 사업 전략이 있기는 하지만 내 사업에 맞는 전략은 그리 많지 않다. 전략을 많이 안다고 해서 그게 모두 적용할 수 있는 전략은 아니다. 오히려 많은 전략을 아는 것이 해가 되기도 한다.

전략을 실행하기 위해서는 비용과 노력이 투입돼야 한다. 전략을 함부로 사용하면 필요한 결과를 얻을 수 없는 곳에 역량을 낭비하게 된다. 나만의 전략을 찾아내고, 그 전략의 맹점과 허점을 보완할 때, 비로소 나만의 전략으로 성공할 수 있는 것이다. 수없이 많은 전략으로 흔들릴 지라도 오직 나의 전략을 찾아내고 수립하는데 온 힘을 다해야 한다. 그래야 길이 제대로 열린다.

商道錄 006
숨겨진 근육 찾기

　운동마다 필요한 근육이 다르다. 수영할 때 쓰는 근육과 요가를 할 때 쓰는 근육이 다르고 축구, 배드민턴을 할 때 쓰는 근육이 다 다르다. 종목별로 전문영역에 들어가는 과정에 필요한 근육이 따로 있는 것이다. 근육의 사용법이나 종류가 다르므로 발달시키는 근육도 운동 종목에 따라서 달라야 한다.
　사업도 사업의 종류에 따라서 필요한 근육이 다르다. 나에게 어떤 근육이 필요하며 어떤 일을 집중적으로 할 때 그 근육이 길러지는지도 알아야 한다. 제조업과 서비스에 필요한 근육이 다르고 동일한 서비스라고 해도 식품 산업에서 사용하는 근육과 정보산업에서 사용하는 근육은 다른 법이다. 판매할 상품의 종류에 따라 또는 산업의 성격에 따라 다르게 개발하면서 경쟁력을 높이면 누구와도 붙어도 이길 수 있는 근육과 내성이 길러진다.
　자신이 속한 산업이나 제품군에 따라서 필요한 분야를 정확히 알고 그 사업에 맞는 근육을 길러라. 사업에서 근육이라는 것은 일종의 실행능력을 의미한다. 그런 실행능력이 차별화되고 사업의 성격에 맞게 만들어질 때 비로소 사업을 오래 할 수 있는 힘과 능력이 생긴다.

商道錄

007
내 아이디어를 노(NO)하는 용기

사업을 하면 많은 아이디어를 얻고 찾아내기 마련이다. 아이디어는 항상 좋은 측면과 허점을 함께 가진다. 그런데 많은 경우, 내가 생각해낸 아이디어의 좋은 면만 보고 이 아이디어로 크게 성공할 수 있을 것이라고 착각한다.

이럴 때는 아이디어의 여러 가지 면을 계속 생각하라. 오래 생각하다 보면 나쁜 측면도 드러난다. 그때는 과감하게 '노(NO)'라고 할 수 있어야 한다. 좋은 아이디어는 숙성시키는 과정을 거쳐야 한다. 그 과정에서 불순물을 걸러내고 아이디어를 꽃피울 시장도 찾아 낼 수 있다. 정제되지 않은 아이디어는 폭탄과 같다.

창조의 시작은 모방

아이가 말을 배울 때 다른 사람이 하는 말을 따라 하면서 배운다. 지속적인 반복을 통해서 말의 사용법을 배우고 나면 자신의 생각을 말할 수 있게 되는 것이다.

사업에서도 같은 원리가 적용된다. 먼저 자신이 모방하고 싶은 사업이나 제품이 있다면 철저하게 모방을 해야 한다. 먼저 똑같이 모방하고 동일한 사용 방법을 적용해 보고 내부 역량에 따라서 어떻게 변형되는지를 지켜봐야 한다.

그 과정을 반복하면 그 사업이나 제품이 왜 그렇게 만들어졌는지는 확인할 수 있다. 그러면서 자신만의 특징을 부여할 수 있는 단계까지 가야 창조를 할 수 있다.

창조의 시작은 모방이나 모방은 잘못하면 기존의 문제점까지 모방할 수 있다. 문제점도 장점이라고 여기고 모방하는 경우도 많다. 따라서 모방도 철저하게 해야 하고 모방을 통해서 기존의 문제점도 걸러내야 한다.

모방은 쉬워 보이지만 가장 위험한 방식이기도 하다. 모방

속에 숨겨진 위험 요소를 찾아내고 걸러야 모방이 창조로 이어질 수 있다.

商道錄 009
늦는 만큼 손해다

돌다리도 두드려보고 건너라고 하지만 두드리면 그만큼 시간이 더 걸린다. 뿐만 아니라 새로운 사업에는 안전한 돌다리란 게 없다. 안전하다고 하는 사업은 그것 자체가 함정이다. 안전한 사업을 찾아 사업을 하겠다고 하는 것은 사업을 하지 않으려고 하는 것과 같다.

안전한 사업보다는 미래가 있는 사업에 집중해야 한다. 그리고 그 미래가 있는 사업에서 중요한 것은 시기이다. 시기를 놓치면 기회는 다시 오지 않는다. 돌다리를 두드릴 시간에 기회를 잡아 사업을 성공시킬 각오를 하고 그에 따른 비용도 생각해야 한다. 기회를 놓치고 나면 다시 잡기 위해서는 그만큼의 초과 비용이 든다.

위험이 있어도 미래가 있는 사업에 기회를 놓치지 않고 그 사업을 잡아낼 수 있는 힘을 기르는 것이 핵심이다. 늦어서 손해 보는 것보다 차라리 빨라서 실수하는 것이 좋다.

창업조사

010
높을 때는 높게, 낮을 때는 낮게

/

모든 일에는 시기가 있다. 시기를 잘 타면 일은 급속도로 빨리 진행이 된다. 일의 순서가 맞고 물 흐르듯이 일이 잘 풀린다. 그때가 되면 고생을 하면서도 행복감을 느끼게 된다.

대나무가 자라기 시작하면 며칠 만에 몇 미터씩 자란다. 하지만 대나무의 성장이 하루아침에 이루어진 것이 아니다. 그전에 몇 년을 땅속에서 준비하고 있다가 환경이 좋아지면 바로 급속도로 자라는 것이다. 사업도 마찬가지로 준비되어 있고 지속하고 있으면 그런 시기가 온다.

그런데 사업이 급속도로 성장하는 시기에 각별히 조심해야 한다. 과속을 하면 사고 나기 십상이다. 그렇다고 속도를 내지 않으면 추월을 할 수 없다. 이럴 때 필요한 것이 바로 조절하고 통제하는 힘이다. 상황을 보고 급속도로 갈지, 아니면 쉬었다가 갈지를 조절할 수 있어야 사고가 나지 않는다.

속도가 빨라지면 위험도 커진다. 좋은 차는 속도를 많이 낼 수 있는 엔진만 있는 차가 아니라, 좋은 브레이크도 같이 가지고 있다. 물살을 타듯이 급속도로 사업이 확장될 시기가 온다. 그 시기에는 물살을 타야 한다. 하지만 충분히 조절할 수 있는 힘이 필요하다. 성장한다고 해서 절제를 하지 못하면 오히려 사업이 위축되어 있는 것만 못하다. 절제를 할 수 있어야 성장하는 사업을 지킨다.

商道錄 011
과녁을 실제보다 더 높게 보라

／

화살을 쏠 때, 실제 과녁 높이에 겨누고 쏘면 활이 가다가 떨어지고 만다. 날아가면서 서서히 떨어지게 되는 것이다. 마찬가지로 고객에게 제품이나 브랜드를 인식시키려면 고객의 눈높이보다 높게 바라봐야 한다. 고객의 눈높이에 맞추면 고객이 직접 경험하는 순간에는 목표한 수준보다 낮아지고 만다.

고객이 이 사실을 모를 것이라고 생각하는 것은 오만이다. 고객 한 사람은 힘이 약하지만 그 고객들의 의견이 모이고 그것들이 서로 집적되면 기업의 정보보다도 큰 힘이 된다. 고객의 눈높이보다 항상 높게 행동하려고 할 때 비로소 고객의 가슴에 인식된다.

고객은 자신의 욕구를 표현하지 않지만 사업가는 그 욕구를 찾아야 한다. 출발은 고객의 눈높이요, 경쟁이지만 플러스알파가 추가되어야 한다. 그래야 고객의 마음에 화살을 꽂을 수 있는 것이다. 서비스든, 제품이든 상상 이상으로 무엇인가를 더해야 시장에서 살아남는다.

012
경쟁 원칙에 집중하라

기술이든, 원가든, 디자인이든, 유통방식이든 무엇이라도 좋다. 경쟁해서 이길 수 있는 하나의 원칙에 집중해야 한다. 그 원칙 하나를 제대로 지키려고 하면 끝까지 가야 이루어진다. 분명한 원칙을 제대로 지키는 것은 어렵다. 하지만 이것을 제대로 지키면 기존 시장에서 그 분야에서는 가장 경쟁력 있는 기업이 된다. 사업은 팔 것을 결정하고 팔 것에 무슨 원칙을 부여할 것인가 하는 것에 따라 향방이 결정된다.

내 사업에 가장 맞고 지속적으로 승부할 수 있는 원칙을 지키기 위해서 온 힘을 다해야 한다. 비록 초기에는 부족함이 있더라도 원칙에 집중하면 경쟁력이 생긴다. 이는 사업 모델을 어떻게 만들 것인가 하는 문제와도 직결된다.

자신이 할 수 있는 원칙과 시장이 요구하는 원칙이 일치하면 사업은 급속도로 확장된다. 누구나 원칙을 세우지만 그것을 끝까지 지키고 확장하는 사람은 드물다. 그 사람이 바로 성공한 사업가이다.

013
나이는 생각보다 중요하다

나이는 비즈니스에 있어서 중요한 요소다. 30대는 실패할 경우를 대비해서 되도록 작은 규모로 사업을 하는 것이 좋다. 40대에 접어들면 가장 활발한 활동과 규모로 사업을 할 수 있다. 사업을 시작하기에는 30대가 좋고 확장하려면 40대가 좋다. 이 시기가 사업가들에게는 황금기에 해당된다. 이때 제대로 못하면 50대, 60대에는 꿈을 줄여야 한다. 40대에 가장 큰 규모까지 끌어내고 50대가 되면 정리하는 단계로 가는 것이다. 50대는 40대보다 다소 방어적이고 안정적인 영역으로 사업을 확장해야 한다. 사업가에게도 사업 주기가 있다. 그 주기에 맞추어서 사업의 방향을 결정해야 안정적인 발전을 이룰 수 있다. 사업에 있어서 나이는 단순한 숫자가 아니다.

商道錄 014
남보다 잘할 수 있는 일

누구나 잘할 수 있는 일이 있다. 그리고 누구나 좋아하는 일이 있고 때로는 하고 싶은 일도 있다. 하지만 사업은 취미가 아니다. 그러기에 가장 잘할 수 있는 일을 택해야 경쟁력이 생긴다. 사업의 선택 기준은 경쟁력이다.

문제는 자신의 경쟁력이 어디서 비롯되는지 정확히 모른다는 데 있다. 관습적으로 해온 부분이 경쟁력 있다고 생각하지만 현실은 그렇지 않다. 경험적으로 잘하는 부분과 실전에서, 장기적으로 잘 하는 부분은 다르다. 보통 자신의 삶과 일치하는 영역에 경쟁력이 발휘되는 경우가 많다. 그리고 비록 지금 경쟁력이 부족해도 장기적으로는 경쟁력을 높일 수 있다고 판단되는 일을 선택하는 것이 후회를 줄일 수 있는 최선의 방법이다. 사업을 평생을 할 것이라 생각하고 자신을 되돌아보면서 가장 적당한 아이템을 골라야 한다. 그 시간이 오래 걸려도 괜찮다. 끝까지 경쟁력을 확보할 수 있는 일인지 아닌지가 더 중요하다. 멀리 가려면 출발에서부터 탄탄하게 준비해야 한다.

트렌드를 파악하지 못하면 끝이다

사업가는 소비자의 행동을 빨리 파악하고 준비해야 한다. 소비자를 모르면 사업의 기회는 줄어든다. 너무 늦게 알면 먼저 시작한 사람과 경쟁을 해야 하고 성과를 내기도 어렵다. 트렌드를 얼마나 빨리 파악하고 준비하느냐에 따라서 다가올 기회의 질적인 수준도 달라진다.

트렌드는 시야를 확장해야 잘 보인다. 부분만 보면 진가를 알 수 없다. 과거의 경험만으로 바라보는 것도 위험하다. 트렌드는 산업과 산업이 융합되거나 문화와 문화가 결합되거나 선진국의 트렌드를 따라가거나 하면서 변화한다. 그만큼 많이 찾고 뒤지고 공부해야만 트렌드를 놓치지 않는다.

그렇다고 해서 트렌드를 무조건 도입한다고 성공하는 것은 아니다. 국가별로 경영환경이 다르기 때문에 다른 부분에 대해서 따로 준비를 해야 경쟁력이 생긴다. 사업은 운세를 알고 시기를 아는 데서 승부가 판가름 난다.

좋은 트렌드를 알고 있다고 해도 언제 실행할 것인가에 따라 성공여부가 갈린다. 트렌드를 알았다면 언제 실행할 것인지를 잘 결정해야 한다. 너무 빨라도 손해이고 너무 늦어도 경쟁을 해야만 하는 상황이 되기 쉽다.

　트렌드를 파악했다면 그것을 반영할 정확한 타이밍을 찾아야 한다. 사업은 항상 트렌드를 반영해야 하므로 정확한 타이밍이 핵심이다. 그 타이밍을 찾아내는 역할은 경영자가 할 수밖에 없다.

016
숨은 욕망을 찾아라

히트 상품은 고객의 숨은 욕망을 찾아냄으로써 만들어진다. 경쟁자를 보고 따라가면 이런 수고를 할 필요가 없지만 결국엔 2순위가 된다. 그리고 경쟁사의 방향이 잘못되면 함께 망한다.

그렇다면 어떻게 고객의 숨은 욕망을 찾아낼 것인가? 설문조사 따위로는 역부족이다. 실제 심층 분석을 통해서 내재한 욕망을 끌어내고 분석해야 한다. 누구나 다 알고 있는 것은 숨겨진 욕망이 아니다. 욕망은 개념화되어 있지 않기에 그것을 단순화시켜야 한다.

개념화된 욕망을 찾으면 그것을 상품화하기 위해서 프로세스를 만들어야 한다. 쉽지는 않지만 그런 프로세스를 만들고 회사의 시스템에 적용할 때 히트 상품을 만들 수 있다.

한국은 이미 다른 나라 상품을 모방한다고 해서 답이 나오는 나라가 아니다. 스스로 찾아내지 못하면 안 되는 나라이므로 고객의 욕망을 찾아내는 능력이 곧 글로벌 경쟁력이다.

商道錄
017
아이템을 충동적으로 정하면

　가끔 충동적으로 사업 아이템을 결정하는 경우가 있다. 마치 영감처럼 이것이 될 것 같다는 생각이 드는 것이다. 그리고 주변에 몇몇 사람에게 물어 보면 될 것 같은 느낌이 들기도 한다. 그런데 그게 바로 함정이다. 주변에 있는 사람과 시장의 소비자는 다르다. 부분만 보고 전체를 판단해선 안 된다.

　영감처럼 떠오른 사업 아이템은 계속 연구하고 시장을 조사하고 시간이 날 때마다 관련된 기술들을 찾아가면서 구체화해야 한다. 획기적인 아이템이 아니고서야 시간을 두고 연구해도 된다. 급하게 추진하면 할수록 돈이 많이 들고 손실도 크다. 아이템 자체에 문제가 없어도 기술 수준이나 시장 환경에 따라서 결과가 좌우되는 경우가 많다. 따라서 마음을 열어 놓고 사업 아이템을 분석해야 한다.

　아이템을 사업화하기 전에 한두 번쯤은 전문가의 의견을 들어 보는 과정도 꼭 필요하다. 바쁘면 이런 여유가 없어서 핵심적인 문제를 놓치기 쉽다. 좋은 아이템을 계속 수집하고 연구하고 정리하는 작업을 꾸준히 하다 보면 가장 최적의 시기를 찾을 수 있다.

경쟁력 있는 상품이 필요하다

사업을 시작하려면 사업 아이템부터 선정해야 하고 그 아이템이 경쟁력이 있는지, 없는지 사전에 조사를 해봐야 한다. 조사를 통해서 경쟁력이 있다는 것을 확인한 후에 사업을 시작해야 한다. 이런 조사 없이 사업을 시작하면 운이 좋으면 성공하겠지만 열에 아홉은 망한다.

생각 외로 경쟁력 있는 아이템은 찾기 어렵다. 경쟁력 있는 아이템이란 세 가지 요소를 충족시켜야 한다. 먼저 기존의 경쟁자보다 더 좋은 부분이 있어야 하고 둘째는 그 아이템으로 사업을 할 때 충분한 차별성을 가질 수 있어야 하고, 셋째로 경쟁력이 장기적으로 유지될 수 있어야 한다. 이 세 가지 요소를 충족하는 아이템이라면 경쟁력이 있는 아이템이다.

아이템의 경쟁력이 확인됐으면 사업 계획을 정확하게 잡아라. 세 가지 질문의 답이 분명히 들어 있는 사업계획서를 만들어 낼 수 있어야 한다. 사업계획서는 자신의 경쟁논리를 정리하는 것이기 때문이다. 만일 이런 아이템이 발견되지 않는다면 발견될 때까지 창업을 미루는 것이 좋다. 아이템을 3년쯤 찾았는데도 못 찾는다면 아직 사업할 역량이 부족하고 시기가 아니라는 결론에 도달할 수 있다. 그럴 경우는 사업 시작을 미루어야 한다. 아이템을 찾고 시작해도 늦지 않다.

어떤 사업이든 간절하게 찾아 다니면 분명 경쟁력 있는 아이템을 찾아 낼 수 있다. 다만 보는 눈이 없을 뿐이다. 그럴 경우에 자문을 받거나 도움을 받는 것이 좋다. 물어 보고 다니는 것을 부끄러워할 필요가 없다. 많이 물어 볼수록 더 빨리 찾을 수 있으니 물어보는 것은 좋은 일이다.

商道錄
019
핵심 고객이 있는 곳에 전을 펴라

핵심 고객이 있는 곳을 상권이라고 착각하기 쉽지만 실상은 그렇지 않다. 시장이 형성되는 시기에는 원료가 중요하면 원재료를 수습하기 좋은 곳으로 가야 한다. 예를 들어서 죽을 팔 생각이면 병원이 많은 곳이 좋다. 분식점은 학원이 많은 곳이 좋다. 전자 제품을 만들려면 전자부품 단지가 좋다. 섬유 제직 공장을 차리려면 도매상과 가까운 곳이 좋다. 산업의 초기 단계에서는 수요보다 공급이 부족하기 때문에 원료수급이 잘 되는 것이 제일 중요했다.

지금은 공급보다는 수요가 중요한 시대다. 고객이 있는 곳에, 그것도 나만의 고객이 있는 곳에 가야 한다. 이는 단순한 상권과는 다르다. 핵심고객은 멀리 가지 않는다. 분식점이 학원에서 3백 미터쯤 떨어지면 아무도 찾지 않는다. 아이들은 그 거리를 왕복하지 않고 가까운 곳에서 빨리 소비하길 원한다. 그래서 핵심고객을 구분하는 것이 중요하다.

인터넷 쇼핑에서도 고객이 몰려 있는 곳은 다르다. 가격만

싸다고 되는 것이 아니라 고객이 있는 곳에서 가격이 싸야 한다. 유통의 핵심은 바로 고객의 집중도에 달려 있다. 그 집중도를 확보하는 방법이 경쟁 포인트가 된다. 자신이 제공할 제품과 서비스의 핵심 고객이 누구인지 파악하고 그들이 가장 많은 곳으로 가서 전을 펴야 한다.

商道錄 020
사업은 도전이다

확실하게 성공하는 비결은 남이 안 하는 일을 하는 것이다. 남이 아직 관심 두지 않는 영역을 파고들면 결국 그 분야에서 최고의 전문가가 되기도 하고 리더가 되기도 한다. 그런 영역을 찾아내기 어렵다면 선진국의 사례를 참조하라. 그러면 적어도 한국에서는 1등을 할 수가 있다. 그렇게 시작하여 가격 경쟁력과 디자인 경쟁력을 갖추게 되면 세계의 1등도 넘볼 수 있다.

그러나 그러기 위해서는 결단이 필요하다. 실제 한국 내에서 누군가 도전하는 모습을 보고 따라서 시작하면 이미 늦다. 한국은 세계 시장에 노출되어 있기에 국내 다른 기업이 시장을 선도하고 뒤따라간다면 이미 늦은 것이다. 적어도 세계적으로 이미 시작된 것을 확인하고 한국에서는 아무도 손대지 않았을 때 과감하게 나서야 제대로 자리 잡을 수 있다.

경쟁에서 이기려면 남들보다 조금 더 앞서는 것이 핵심이다. 국제 경쟁력에 문제가 있다면 적어도 국내 시장이라도 장악해야 한다. 남들이 안 하는 사업을 시작하는 데서 두려움을 느끼겠지만 누군가 시작하고 성공했다면 분명 가능성이 있다. 다만 국내와 국외는 다르므로 각각의 차이는 분명 고려해야 한다.

국내와 국외의 차이는 바로 고객의 차이에서 비롯된다. 국내와 국외의 고객은 사회적 문화적 차이를 가지고 있다. 똑같이 유행하는 신발 브랜드라고 해도 미국인이 좋아하는 스타일과 한국인이 좋아하는 스타일이 다르다. 그 다름이 경쟁 포인트가 되는 것이다. 남들보다 먼저 그 차이를 찾아내고 먼저 시도하는 사업가가 기회와 성공을 잡을 수 있다.

商道錄 021
맞는 사업을 하면 행복하다

사업마다 특징이 있고 사업가도 특징이 있다. 두 가지 특성이 맞으면 사업도 잘되고 사업가도 행복하다. 하지만 사업의 특징에 사업가가 맞추면 항상 질문이 따라 붙는다. '이게 나에게 진정으로 맞는 사업인가?' 하는 질문 말이다.

또 사업가의 특징에 사업을 맞추면 망하기 쉽다. 사업가 개인의 취향에 사업을 맞추기 때문이다. 또한 사업가가 성장하거나 산업이 변동이 될 것을 예상하면 상황은 완전히 다르다. 사업가 본인의 고유한 특징이 무엇인지 찾고 산업의 변동이 어떻게 변할지도 알아야 한다.

사업을 처음 한다면 이 두 가지를 맞추기가 쉽지 않다. 첫 사업이 망하고 두 번째, 또는 세 번째 사업에서 찾는 경우가 많다. 그런데 사업가는 대개 첫 사업에 승부를 걸려고 한다. 힘이 들더라도 첫 사업은 작게 시작하는 것이 좋다. 왜냐하면 너무 일찍 성공해도 그 사업을 지킬 수 없다. 사업의 규모를 키우는 것은 40대 이후가 가장 적당하다. 그때부터는 사업을 지킬 힘이 생긴다.

　결론은 40대 이전에 망하더라도 사업을 해보라. 그런 다음에 충분히 고민하고 자신에게 맞는 사업을 찾으면 인생을 걸어야 한다. 그렇게 하면 성공하고 만족감도 따를 것이다.

商道錄 022
처음부터 완벽한 계획은 없다

모든 사업 계획은 숙성의 시간이 필요하다. 여기서 말하는 숙성의 시간이란 정보의 정확성이나 시장 타이밍, 그리고 사내 준비 역량들을 확인하고 체크하는 시간을 말한다. 사업 초기에 초안을 만들면 이런 요소들을 점검하면서 계획서를 완성해야 한다.

한 번에 완전한 계획서를 만들려고 하면 오히려 일을 그르치기 쉽다. 계획 자체가 중요한 것이 아니라 계획의 실행여부가 더 중요하다. 즉 기업에 적합한 사업 계획을 세워야 하고 그 시기에도 적합해야 좋은 계획이라고 할 수 있다.

계획을 세울 때는 처음부터 완벽하게 만들기보다 초안을 만들고 계속 수정하는 것이 좋다. 새로운 정보가 들어오거나 분석이 달라지거나 하면 계획에도 변화를 줘야 하며 또는 조직의 역량에 맞는 계획을 세워야 한다. 과도한 목표는 오히려 사업 계획의 신뢰성을 떨어뜨리고 실행에 방해만 된다. 가능한 목표치를 설정하고 그 목표의 20%-30% 정도 추가적으로 실행될 계획과 새로운 방안을 마련하는 것이 좋다.

그렇다고 초과달성이 가능한 계획만 짜라는 것은 아니다. 너무 보수적인 목표만 추구하면 성장에 한계가 따른다. 조직원의 의욕을 불러일으키고 손에 잡힐 만큼의 거리가 느껴지는 목표가 좋다. 그래야 조직원이나 경영자나 성공하고 싶어진다.

계획에서 그치는 게 아니라 실행에 옮길 수 있고 목표가 분명하며, 결과도 명확히 드러나는 그런 계획이 좋은 계획이다. 기업의 경쟁력이 사업 계획에서 나온다.

2

창업 마인드: 어떤 생각으로 접근할 것인가?

商道錄 023
아이디어가 뿌리 내리려면

씨앗이 자라서 거목이 되기 위해서는 토양이 있어야 하고 물과 양분과 햇빛이 충분히 공급돼야 한다. 사업에 비교해 보면, 아이디어라는 씨앗이 거목이 되려면 시장이라는 토양과 자금, 인재, 고객의 지지가 공급돼야 한다. 여기서 중요한 것은 씨앗을 뿌리듯 아이디어를 실행하는 것이다.

이때 중요한 것은 환경이다. 아이디어가 실행 될 수 있는 환경을 먼저 파악해야 한다. 겨울에 뿌려진 씨앗은 당장에 싹이 트지 않고 봄까지 기다려야 한다. 아이디어도 환경이 나쁠 때는 적기를 기다려야 한다. 결국 때를 알아야 성공에 가까이 갈 수 있다.

만약에 지금 환경이 갖춰지지 않았다면 아이디어를 다듬으며 때를 기다리는 것이 좋다. 좋은 환경을 못 만난 아이디어는 결국은 고사하고 말기 때문이다. 아이디어는 좋은 씨앗이다. 좋은 씨앗은 좋은 환경에서 뿌리를 내린다. 제 아무리 좋은 씨앗도 환경이 나쁘면 싹이 트지 않는 다는 사실을 명심해야 한다.

창업 마인드

024
기회의 신은 뒷머리가 없다

/

기회의 신은 뒷머리가 없다고 한다. 기회가 지나갈 때 모든 사람들이 잡으려고 하기 때문에 뒷머리만 쥐게 되고 결국 기회의 신은 뒷머리가 빠진 채 멀리 달아난다는 뜻이다. 그러나 준비를 오래 한 사람은 기회가 언제 올지 모를지라도 기회가 오기만 하면 바로 잡을 수 있다.

기회를 준비하는 것은 사람을 준비하는 것이다. 기회가 오면 사람을 모을 수 있다고 생각하지만 기회가 왔을 때는 이미 늦었다. 기회가 오기 전에 준비하지 못하면 그 사람들과 함께 기회를 잡을 수 없다.

사람과 함께 하기 위해서는 나름의 검증 기간을 거쳐야 한다. 함께 할 수 있는 사람인지 아닌지를 검증하고 걸러 두어야 필요한 시기에 함께 할 수 있다. 그런 절차가 없이 바로 일을 시작하게 되면 가다가 오히려 문제가 생기기 쉽다.

실제로 문제가 발생하면 손실이 크고 사업 실패의 위험도 커진다.

기회가 오기를 기다리지 말고 언제라도 기회가 와도 잡을 수 있도록 인재를 준비해둬야 한다.

리더의 수준

한의사를 평가할 때 약의, 식의, 심의 순으로 수준이 나뉜다. 마찬가지로 사업에서도 수익 추구형 사업가, 시장 창조형 사업가, 고객의 마음을 추구하는 사업가 순으로 수준이 나뉜다. 이런 수준의 차이는 사업을 바라보는 관점의 차이이다.

약의가 쓰는 약은 몸에 유익하기도 하지만 때로는 독이 되기도 한다. 식의는 약이 가지고 있는 독성을 이해하고 육체의 병에 초점을 맞춘다. 그러나 심의는 마음의 병이 육체의 병을 낳는 근원임을 안다. 그렇기 때문에 심의의 경지가 가장 높다고 보는 것이다.

수익만 추구하는 사업가는 수익을 추구하는 과정에서 발생되는 모든 문제점들을 안고 항상 위험만을 생각한다. 그런데 시장을 창조하는 사업가는 시장의 위험을 예측하고 대비할 줄 안다. 마지막으로 고객의 마음을 얻는 것을 목표로 하는 사업가는 모든 비즈니스의 출발이 고객의 불만이나 기대치, 또는 욕망에서 출발한다는 사실을 알고 있다.

그래서 마음을 얻는 사업가가 가장 수준이 높다고 할 수 있다. 이들에게는 변화무쌍한 고객의 마음을 앞에서 리드하며 비즈니스의 성장과 안정을 지속시킬 수 있는 힘이 있다.

오늘 걷지 않으면 내일은 뛰어야 한다

오늘 하지 못한 일은 내일이라도 반드시 해야 한다. 그렇지 않으면 모레에는 삼 일치 일을 해야 한다. 오늘 하지 않고 미룬다고 해서 그 일이 사라지는가? 단지 유보될 뿐이다. 비즈니스란 성공 목표 앞에 얼마나 많은 일들이 있겠는가마는 그 중에도 굵직한 일을 미리 해두지 않으면 단거리든, 장거리든 하나의 고지를 넘지 못한다. 오늘 할 일뿐만 아니라 내일의 일까지도 먼저 하려는 사람은 그 누구보다 먼저 성공의 고지 위에 오를 수 있다.

오늘 일을 미루지도 말아야 하지만 내일 할 일을 가능하면 오늘 해두는 훈련을 하라. 비즈니스를 보다 원활히 하는 데 도움이 될 것이다. 그게 안 되면 최소한 오늘 일은 오늘 안에 할 수 있어야 하고 내일의 일은 내일 하루 동안 할 수 있어야 한다. 시간은 기다려 주지 않는다. 만일 오늘 할 일을 못했다면 그것은 오늘 일이 얼마나 중요한지 몰라서 일 것이다. 오늘의 일은 오늘 가장 중요한 일이지, 내일 중요한 일이 아니다.

027
함부로 주지도, 받지도 마라

/

혜택을 주는 사람은 훗날 어떻게든 그 혜택을 돌려받을 것을 예상하고 혜택을 준다. 그러나 혜택을 받는 사람은 그것을 혜택으로 인식하지 못하거나 오히려 당연한 것으로 받아 들이는 경우가 많다. 그러므로 은혜를 베푸는 것도 사람을 가려서 해야 한다. 마음을 쓰는 것 또한 경제성을 따져야 한다.

마음을 쓴다는 것은 무엇인가? 마음을 쓰는 것 이상의 기대치가 있다는 뜻이다. 돈 가는 곳에 마음 간다고 하듯, 마음을 쓴 대상은 그만큼의 가치를 갖게 된다. 그러므로 마음을 함부로 주지도, 받지도 마라. 받는 것은 쉬울 것 같지만 그 또한 짐이다. 어떤 사람은 작은 마음을 주고 큰 혜택을 받으려고 하기 때문에 문제가 되기도 한다.

주는 것도 가려서 주고, 받는 것도 가려서 받아야 한다. 마지막으로 혜택을 줄 때는 늦게 돌아 올 것을 예상해야 하고 받을 때는 최대한 빨리 돌려 줄 것에 대비해야 한다. 그래야 서로 간에 신뢰가 커진다.

마음의 중심을 잡아라

파도가 아무리 치더라도 수심이 깊은 곳은 흔들리지 않는다. 사업가도 환경이 변화무쌍할지라도 마음속 깊은 곳의 중심이 흔들리지 않아야 한다. 마음의 무게중심이 흔들리지 않으면 아무리 힘든 과업도 끝까지 해낼 수 있다. 마음의 중심이 흔들리면 하려고 했던 일이 틀어진다.

사업가가 갖추기 어려운 자질 중에 하나가 하려고 하는 일에 대해 확신을 갖는 것이다. 환경이 변하기 시작하면 확신은 점점 희미해진다. 그런데 확신이 없으면 사업을 진행할 수 없고 결정을 내릴 수 없다. 중심이 바로 서있다는 것은 외풍에 흔들리지 않는 것을 말한다. 흔들리지 않는 중심은 사업의 가장 중요한 토대이다.

029
콩 심은 데 콩 나는 진리

／

만일 열심히 노력했는데 결과가 없거든 원인을 제대로 파악해야 한다. 콩을 심는다고 하면서 팥을 심지는 않았는지, 혹은 콩을 심으면서 썩은 콩을 심지는 않았는지, 아니면 전혀 가망이 없는 땅에 콩을 심고 콩이 나기를 기다리고 있었던 것은 아닌지를 고민해야 한다. 세상에는 원인 없는 결과는 없다. 항상 자신을 돌아보는 태도야말로 위기를 극복하는 힘이다.

이 세상 어느 누구도 자신의 죽음을, 자신의 병을, 자신의 고통을 타인과 나눌 수 없다. 누구도 자신의 문제를 해결해주지 못한다. 그러므로 자기 안에서 원인을 찾아야 잘못된 결과를 바로잡는 것이 가능하다.

사업 역시 뿌린 대로 거두는 법이다. 뿌리려는 씨앗이 좋은지, 씨앗을 품을 토양이 좋은지, 끊임없이 고민해야 한다. 사장의 문제는 사장이 해결해야 한다. 외부에 기대를 걸거나 원망을 하지 말고 스스로 기회를 만들라. 좋은 콩을 좋은 땅에 심으면 분명 좋은 콩이 나온다. 결과가 마뜩치 않다면 원인은 사장에게 있다.

商道錄 030
절박해야 살아남는다

　사냥꾼이 토끼를 잡으러 갔다. 총을 쏘아서 토끼의 엉덩이를 맞추고 사냥개를 풀어서 잡아 오라고 했다. 토끼는 달아나고 사냥개는 돌아왔다. 이유가 무엇일까? 답은 바로 절박함에 있다. 사냥개는 토끼를 못 잡고 돌아와도 사냥꾼에게 야단이나 맞는 게 고작이다. 하지만 토끼는 도망치지 못하면 죽는다. 토끼에게는 죽음과 마주하는 절박함이 있었다.

　사업도 대충하는 사람이 있고 목숨 걸고 하는 사람이 있다면 전자가 후자를 당해내지 못한다. 만약 사업이 어려워지거든 내가 아직 절박하지 않아서라고 생각하고 무엇이 부족한지 돌아보라.

商道錄
031

나에게 쉬운 사업은 남에게도 쉽다

이 세상에 쉽게 돈을 벌 수 있는 일은 없다. 쉽다고 생각하고 덤벼들었던 사업이라도 실제로 해보면 어려움이 한두 가지가 아니다. 결국 망해 가는 줄 알면서도 끝까지 가기도 한다. 이런 알지 못하는 진입 장벽이 있기 때문에 저마다의 공유 영역이 생기는 것이다. 내가 살아남을 수 있는 영역이 무엇인지, 그리고 그 산업의 특징이 무엇인지 정확히 알고 사업을 시작해야지 그렇지 않고 남의 말만 믿고 시작하면 그 사업은 실패로 끝날 확률이 높다.

나에게 쉬운 일이라면 다른 사람에게도 쉽다는 것을 잊지 말라. 아니면 일시적으로 쉬운 사업일 수도 있다. 그런 사업은 오래가지 못한다. 사업은 어려워야 정상이다. 어려운 사업을 붙잡고 어떻게 풀어 나갈지를 먼저 고민하면서 시작해야 한다. 어려운 문제를 잘 푸는 사업가가 오래 살아남는다. 사업가는 문제를 푸는 사람이지 문제에 파묻히는 사람이 아니다.

032
시간 약속이라도 지켜라

사업에 있어서 믿음을 주는 방법은 여러 가지이다. 만약에 지금 가진 것이 하나도 없다면 시간약속부터 지켜라. 시간약속을 지킴으로써 신뢰가 쌓이고 그 신뢰를 바탕으로 새로운 기회를 만들 수 있다.

혹시 시간약속이 하찮아 보이는가? 사람들은 가장 하찮게 보이는 부분으로 신뢰를 평가한다. 크고 중요한 부분을 평가하는 데에는 가식이 동반된다. 하지만 작은 부분에 있어서는 이해관계가 엮이지 않는다. 그렇기 때문에 객관적인 평가가 가능하다. 결국 누구나 다 지킬 수 있지만 누구도 제대로 지키지 않는 것이 시간약속이다.

일본 사람들과의 비즈니스에서는 시간약속에 관한 신뢰를 쌓지 않으면 거래도 할 수 없다. 사소한 약속을 지키지 못하는 사람은 큰 약속도 지키지 못한다고 보는 것이다. 따라서 시간약속으로 신뢰를 얻고 그 신뢰로 사업을 얻는 것은 기본이다. 돈이나 인맥 없이 신뢰의 토대를 만드는 방법이 '시간약속 지키기'인 것이다.

033
결과 없는 행동은 무의미하다

창업 초기에는 다양한 가능성 때문에 여러 가지 시도를 하게 된다. 안타깝게도 그런 시도들은 희망으로 시작했다가 절망으로 끝나는 경우가 많다. 초기의 준비된 에너지를 어디에 쓰는가에 따라서 향후 사업방향이 결정된다. 그러므로 창업 초기에는 작아도 수익이 나는 사업을 추진하는 것이 좋다. 한 1년 정도 꾸준히 실행하면 결과가 나오는, 조금이라도 수익이 생기는 사업에 집중하는 것이 좋다. 그러면서 사업의 체력도 기르고 관계 설정도 하고 나름의 준비를 할 수 있다.

이때 일의 효용성을 빨리 가리는 안목이 필요하다. 가능성이 있는 것처럼 보이는 일이라고 해서 그것이 결과로 이어지지는 않는다. 물론 끝까지 밀고 나가면 결과가 나올 수 있다. 하지만 그러는 사이에 굶어 죽을 수도 있다. 창업 초기에는 집중하면 결과가 나오는 일, 빠른 시일 내에 수익이 조금이라도 생기는 일이 좋다.

아이템 역시 수익이 빨리 나는 것으로 시작하는 것이 좋

창업 마인드

다. 흔히 아이디어 창업을 많이 지원하지만 그 아이디어를 상품화 시키는 과정까지 오랜 시간이 걸린다. 그럴 때는 결과가 나오는 일에 집중해야 한다. 가능성은 가능성일 뿐 결과가 아니다. 좋은 가능성의 1%만 좋은 결과가 나온다고 봐야 한다.

商道錄
034

아이디어와 네트워크

／

　부동산과 설비를 중심으로 이루어졌던 과거의 경제 시스템은 이제 종말을 고하고 있다. 이 시스템이 완전히 사라지지는 않겠지만 주된 부가수익을 얻지는 못하는 게 현실이다. 미래는 아이디어와 네트워크가 힘이 되는 시대이다. 몸집이 클수록 성공하는 게 아니라 필요에 따라서 규모를 키우기도 하고 보통 때는 최소한의 조직으로 아이디어를 만들어 내는, 그런 비즈니스모델이 부가가치를 얻는다.

　실제 과거의 경제 시스템에 속해 있으면 미래를 볼 수 없다. 눈에 보이는 자산이 최고라고 생각하면 손에 잡히지 않는 비즈니스로는 비즈니스의 방향을 잡을 수가 없다. 미래는 하드웨어보다 소프트웨어에 집중하는 비즈니스가 더 각광받을 것이다. 그런 비즈니스를 만들어 낼 수 있는 사람이나 조직이 성공한다.

　어느 분야든 소프트웨어적으로 비즈니스를 만들어 낼 수 있는 요소를 가지고 있다. 다만 그것을 보는 눈을 갖는 게 중

창업 마인드

요하다. 그런 안목을 갖기 위해서는 끊임없이 훈련해야 한다. 눈앞에 보이는 것만 찾다가 시장에서 도태되고 말 것이다. "머리에 든 것은 아무도 뺏어 가지 못한다"고 했던 유대인의 격언을 기억하자.

035
가던 길, 만나는 사람을 벗어나라

새로운 아이디어를 만들려면 습관을 벗어나야 한다. 습관을 그대로 유지하면서 아이디어를 찾는 것은 찾을 수 없는 이상향을 찾으려는 것과 같다. 먼저 자신의 사고와 경험을 벗어나는 것이 중요하다. 예를 들면 여행과 같은 방법이 있다. 여행을 떠나서 다른 세계로 가보면 새로운 아이디어가 생긴다. 익숙한 경험과 습관에서 벗어나기 때문이다.

전혀 다른 분야의 사람들을 만나고 가보지 못한 거래처를 방문하는 것도 좋다. 일상적으로도 하지 않았던 경험을 해야 새로운 아이디어를 얻는다.

결국 아이디어란 순간적으로 떠오르는데 내가 속한 환경, 또는 경험에서 탄생한다. 이때 필요한 것은 외부의 자극이다. 어떤 아이디어가 정말로 도움이 될지는 사업 분석을 통해서 알 수 있다.

하지만 아이디어를 얻는 방법에 대해서는 나름대로 노하우가 있어야 한다. 잘 노는 것도 아이디어를 만드는 좋은 방법이다. 아이디어는 성실한 사람보다는 잘 노는 사람에게서 더 많이 나온다.

商道錄 036
평생 함께 할 사람을 찾아라

경험이나 기술을 기준으로 일할 사람을 선택하는 것은 하수들의 방법이다. 이 방법이 당장 유용할지 몰라도 시간이 지나면 지날수록 문제가 발생하기 쉽다. 이런 경우는 업무 분담을 명확히 해서 그 이상의 업무를 주지 않는 것이 좋다.

열정이나 의욕을 보고 사람을 판단한다면 그 사람은 중수이다. 비록 경험이나 기술이 부족하더라도 의욕이 넘치는 사람은 빠른 속도로 일을 배워가면서 새로운 것을 만들어 낼 수 있다. 기존의 틀을 바꿀 수도 있다. 문제는 이런 사람은 성과에 대한 요구가 많고 쉽게 지쳐 버린다. 지속적으로 관리를 해주지 않으면 오히려 적이 되기 쉽다.

사람의 내면을 보고 그 사람을 판단하는 것이 가장 고차원적인 방법이다. 사업을 하는 데는 관계를 뚝심 있게 지켜 나가고 손해를 보더라도 바른 길로 갈 수 있는 그런 사람이 필요하다.

비록 그 사람이 지금 능력이나 재력, 기술이 없다고 해도 마음이 바른 사람은 반드시 필요하다. 그런 사람이 평생을 두고 같이 일할 수 있는 사람이기 때문이다.

싸움은 속도와 기술로 하는 것이다

새로운 시장에 들어가면 시장을 선점한 기업들을 상대해야 한다. 그런 기업들은 덩치도 크고 힘도 있고 나름의 경쟁력이 있다. 이들과 싸워 이기지 않으면 새로 시작한 사업이 그 시장에서 퇴출되고 만다. 이때 싸움을 덩치로 한다고 생각하면 이길 수 없다. 싸움은 덩치가 아니라 속도와 기술로 하는 것이다.

에너지는 질량과 속도에 비례한다. 덩치가 작다면 속도를 높여야 한다. 여기에 기술이 뛰어나면 좋지만 기술만 생각하다가 속도를 잊어버릴 수 있다. 고객은 기다려 주지 않는다. 아무리 좋은 기술이라고 해도 시장에 적용할 타이밍을 놓치면 사라지기 쉽다. 좋은 기술은 속도를 겸비할 때 큰 힘을 발휘할 수 있다. 속도와 기술이 준비되어 있다면 덩치가 큰 골리앗이라고 해도 싸워 이길 수 있다.

038
성공한 사람들을 많이 만나라

성공한 사람들은 나름의 노하우가 있다. 반대로 실패한 사람들은 근본적인 부분을 바꾸지 않아서 실패한다. 실패한 사람들의 또 다른 특징은 실패의 원인을 운으로 돌린다. '조금만 운이 좋았으면 성공할 수 있었는데' 라고 생각한다. 하지만 성공한 사람은 다르다. 어떻게든 실패 요인을 찾아내고 그것을 극복한다.

물론 성공이 끝까지 가지는 않는다. 성공했다가 실패하는 경우는 수도 없이 많다. 하지만 성공한 그 순간만큼은 자신의 한계를 극복해낸 것으로 봐야 한다. 그런 부분들을 모방하거나 익혀야 한다.

또 성공한 사람들을 많이 만나면 자연스럽게 성공하는 법칙을 깨우치게 된다. 성공한 사람들은 그들끼리 모인다. 비록 지금 성공하지 못했더라도 일단 비결을 배워둘 필요가 있다. 그들이 왜 성공했는지를 알면 나름의 방향도 서고 방법도 보일 것이다. 반대로 실패한 사람들과 너무 깊이 어울리면 문제점을 보지 못한다.

　성공과 실패는 어느 지점에서 어떤 선택을 하느냐에 따라서 달라진다. 성공한 사람들에 대해서 공부를 해보면 선택을 어떻게 하는 것인지가 보인다. 책으로 보는 것도 중요하지만 직접 만나면 더 효과적이다. 성공한 사람들을 주위에 배치하는 것도 좋은 방법이다. 그리고 나 또한 성공한 사람이 되도록 노력해야 한다.

039
천리마를 알아보는 사람

/

사업을 시작할 때 누구나 대박 아이템을 꿈꾼다. 그러나 대박 아이템은 운이 좋은 사람에게나 찾아오는 것이고 보통사람에게는 오지 않는다고 생각하는 사람이 많다. 또 대박 아이템을 찾을 수 있다고 떠들고 다니기만 하는 사람도 많다.

어디에나 사업거리는 항상 존재한다. 특히 선진국에 있다가 후진국으로 오면 사업 아이템이 많이 보인다. 아이템을 알아보는 사람이 적어서 그렇다. 또는 사업을 이해하는 능력이 부족해서 그런 아이템을 만들지 못한다.

역량이 부족하다면 협업을 하거나 안목을 가진 사람을 쫓아다니면서 귀동냥으로라도 배워야 한다. 그런 노력이 없이 안목을 갖는 것은 불가능하다. 천리마를 알아보고 천리마를 기르고 훈련시키고 그리고 천리마로서 역할을 할 수 있도록 만드는 능력도 갖추어야 하는 것이다.

대박 아이템도 아이템을 준비하고 성장시키고 수익이 나도록 만드는 능력이 있어야 한다. 가장 먼저 천리마를 알아보는 훈련을 하고 어떻게 기를지도 고민하듯 해야 한다. 그래야 대박 아이템이 손에 넣고 사업도 키울 수 있다. 사업은 운이 아니라 안목으로 하는 것이다.

좋아하는 걸 만들면 망한다

좋은 제품을 개발했는데 고객이 알아주지 않으면 분통이 터진다. 개발비로 쏟아 부은 돈이 생각나고 왜 고객이 제품을 알아주지 않는지 원망스럽다. 하지만 좋은 제품은 언젠가 진가를 드러낸다. 다만 시기가 언제일지 알 수 없을 뿐이다. 그래서 고객이 구매할 만한 제품을 최적의 시기에 내놓아야 한다. 그렇지 않으면 고객이 외면한다.

고객은 기업이 제품을 만들어서 내놓은 시기에 구매하는 것이 아니라 자신이 구매하고 싶을 때 구매한다. 그 시기를 제대로 파악하는 것은 제품 개발만큼 중요하다. 그것을 무시하고 개발에만 몰두하면 회사가 어려워진다. 고객이 무엇을 구매할지 모른다면 차라리 개발하지 않는 것이 좋다. 또 경쟁사가 고객의 구매 시기를 먼저 알고 움직이면 시장 주도권을 빼앗긴다.

개발 출시시기를 예측하는 것을 리더의 감각에만 맡겨서는 안 된다. 제품마다 성격이 다 다르지만 지금껏 세상에 나온 적 없는 최첨단 제품이 아니고서야, 일반적으로 고객에게 물어 보면 그 시기를 알 수가 있다. 그때 판매 가격도 함께 제시해야 한다. 고객의 일차적 고려 사항은 가격으로부터 시작되기 때문이다.

고객은 가격, 성능, 브랜드, 고객서비스, 순으로 고민을 하면서 구매를 하기 때문에 이 순서에 맞추어 경쟁사보다 우위에 있어야 한다. 고객에게 구매 시기를 묻기 위해서는 먼저 제품 컨셉트를 명확히 해야 한다. 제품 컨셉트란 고객에게 제공될 서비스나 성능 그리고 가격대를 의미한다. 어느 정도의 성능에 어떤 서비스가 따라오는데 문제는 가격이 얼마인가 하는 것이다.

기에는 '업체에서 예상하는 고객이 누구인가' 라는 문제가 빠져 있다. 이 문제의 답을 찾기 위해서 고객에게 물어봐야 한다. 제품 컨셉트를 어떻게 만드는가에 따라서 시장 판도를 바꿀 수 있다. 새로운 제품은 새로운 제품 컨셉트에 의해서 탄생하고 새로운 시장까지 만들어 낸다.

商道錄 041
증명은 백 배나 더 어렵다

불가능을 증명하는 것은 가능성을 가지고 성공하는 것보다 백 배나 더 어렵다. 어찌 보면 역설적이다. 누구나 가능성보다는 불가능을 믿는데 현실은 반대이다. 불가능을 증명하려면 오히려 가능한 모든 요소들을 분석하고 그것이 왜 불가능한지 증명해야 불가능하다고 판단할 수 있다. 사람들이 불가능하다고 하는 것은 불가능이 검증된 것이 아니다. 그저 약간의 가능성을 가지고 시도해보다가 안 된다고 판단되면 불가능이라고 말한다.

어느 분야든 불가능하다고 보이는 영역에서 성공한 사람들이 많다. 그들은 불가능하다고 생각하지 않고 가능한 방법을 끝까지 찾는다. 누구나 길을 찾을 수 있다. 다만 길을 찾는 데 시간이 오래 걸리거나 아니면 다른 길에서 헤매는 것일 뿐이다. 가능성을 찾기 위해서는 끊임없는 시도와 고민과 그리고 시간이 필요하다.

한번 가능성을 발견하면 길이 보인다. 길을 찾고 나면 왜 불가능하다고만 생각했는지 스스로가 멍청하게 느껴진다. 또 지금껏 불가능하다고 했던 것도 가능한 방법을 충분히 찾지 못했기 때문이라는 생각이 들 것이다. 혹시라도 지금 불가능하게 보이는 일이 있다면 가능한 방법을 충분히 찾지 않았다고 생각하라.

미래가 없는 사람과 상종하지 마라

아이템이 좋고 수익이 남는데 같이 일하는 사람의 미래가 없는 경우가 있다. 나이가 너무 많거나, 건강이 안 좋거나, 아니면 외국으로 떠날 사람이거나, 또는 너무 비관적이어서 사업을 계속할 가능성이 없을 수 있다.

이렇게 미래가 없는 사람과 사업을 해야 한다면 차라리 하지 않는 것이 좋다. 일시적으로 함께 일해서 이익을 얻을 수는 있지만 그것은 오래 가지 못한다. 오히려 오래 준비하고 차근차근 정리해야 하는 일에 걸림돌이 될 뿐이다.

하던 일을 지속하지 못하면 그 만큼의 기회비용이 사라진다. 다시 무엇인가 시도하려면 그만큼 시간이 추가적으로 소비된다. 그렇기 때문에 사업을 함께 하는 사람은 미래가 분명해야 한다. 그래야 희망을 갖고 함께 일할 수 있다. 이때 서로의 노력도 필요하다.

만약에 미래를 함께 할 수 없다고 확신하는데도 같이 일을 한다면 그것은 그냥 시간낭비다. 사업은 일시적인 이익보다는 장기적인 수익이 중요하다. 사업은 시스템을 얼마나 잘 짜는가에 따라서 달라진다. 그런 시스템은 미래를 기반으로 봐야 한다. 일시적으로 치고 빠지는 구조로는 오래 할 수 없다. 그렇게 되면 장사치에 불과하다.

 사업을 오래, 지속적으로 할 수 있는 길을 찾아야 한다. 힘들고 어려워도 그 길만이 사업을 진정 성공적으로 유지할 수 있는 길이다.

043
마음과 시간 분배

리더는 두 가지를 잘 써야 한다. 하나는 마음이고 또 하나는 시간이다. 돈이 중요할 수는 있지만 돈보다 더 중요한 것은 바로 마음과 시간이다. 시간은 양적인 의미에서 중요하고 마음은 질적인 의미에서 중요하다. 동일한 사안에 대해서 동일한 시간을 들이더라도 마음 쓰기에 따라서 그 질이 달라진다.

그렇다면 시간과 마음을 어떻게 분배할 것인가? 분배의 영역은 두 가지이다. 하나는 사람에 대한 분배이고 또 하는 일에 대한 분배이다. 마음과 시간을 일과 사람에 대해서 어떻게 분배하고 있는지가 경영자의 가장 핵심적인 사업관리 방법이다. 어느 영역이든 모자라도 안 되고 넘쳐도 안 된다. 최적의 조건이 있을 것이고 차선도 있다. 이는 누구보다 리더 스스로가 잘 안다.

그런데 일과 사람에게 어느 정도의 마음과 시간을 투자해야 하는지 알고 있어도 실행이 제대로 안 되는 경우가 많다. 대부분 감정이 앞서기 때문이다. 하고 싶은 일과 해야 하는 일 사이의 갈등, 만나고 싶은 사람과 만나지고 싶지 않지만 꼭 만나야 하는 사람과의 갈등에 의해서 일의 분배가 잘 안 되고 사람과의 관계 설정도 어렵다.

  사업가는 자신의 욕망을 줄이고 사업 중심으로 사고하고 행동하고 마음과 시간을 분배해야 한다. 그러기 위해서는 매일 해야 할 일의 순서와 마음 쓰는 정도를 체크해야 한다. 경영자의 마음과 시간이 사업의 틀을 만드는 재료가 된다는 사실을 명심하라.

商道錄
044
긍정적인 질문을 던져라

／

문제를 해결하는 방법 중에서 효과적인 것 중에 하나가 질문을 통해서 해결하는 것이다. 그런데 문제가 발생하면 대부분의 사람들은 부정적인 조건을 먼저 정리한다. 왜 안 되는지를 묻는 것이다. 이 또한 맞는 방식이기는 하다. 중요한 것은 그 다음이다. 안 되는 조건을 알아냈다면 그 다음 질문은 가장 문제가 되는 것이 무엇인지를 물어야 한다. 그리고 그 다음에는 극복할 수 있는 방안이 무엇인지를 다시 물어야 한다.

사실 문제를 지적한 사람은 그 문제의 답을 어느 정도 알고 있다. 문제를 정확히 알면 그 문제에 대한 답도 떠오른다. 다만 그것이 확실한지, 어느 정도 가능성이 있는지 모를 뿐이다.

이럴 때 긍정적인 질문을 해보면 또 다른 아이디어와 함께 전제 조건도 정리할 수 있다. 즉, 무슨 일을 하기 위해서는 전제 조건이 항상 발생한다. 그리고 그 전제 조건을 해결하기 위해 필요한 것은 무엇인지를 다시 물어 보는 것이다.

그렇게 하나씩 긍정의 질문을 해나가면 문제의 답이 구조화 된다. 구조화 된다는 의미는 마치, 촘촘한 그물을 만드는 것과 같다. 좋은 그물도 구멍이 있으면 소용이 없듯이 생각이 구조화 되어 있어야 제대로 문제를 해결할 수 있다. 문제 속에 답이 있고 그 답을 끌어내는 긍정의 질문이 필요하다.

045
뜸을 오래 들이면 밥이 탄다

밥을 할 때 뜸을 오래 들여도 괜찮다고 생각하고 방심할 수 있다. 그러나 뜸에도 최적의 시간이 있다. 시간이 너무 길어지면 밥이 탈 수도 있고 그게 아니라도 밥맛이 탄다. 사업에도 시간이 너무 길어지면 문제가 된다. 마무리가 제때에 이루어지지 않는다는 것은 뜸을 너무 오래 들인다는 뜻이다.

이럴 때는 기간을 정하는 것이 중요하다. 어떤 일이든 시간을 어느 정도 정하고 해야 한다. 한정 없이 끌고 가면 될 것처럼 보이는 일도 결국엔 안 된다. 구체적인 행동을 통해서 적지만 성과를 이루어 가는 것은 일종의 탐색 과정이고 실행 과정이다. 뜸을 들이는 것은 이와 무관하게 결정을 미루는 것에 불과하다.

결정이 늦어지고 미뤄지는 데도 이유가 있겠지만 그래도 기간을 정하고 마무리를 짓는 것이 좋다. 만약에 포기를 해도 좋은 기회는 운이 좋거나 환경이 바뀌면 다시 오게 되어 있다.

그것을 억지로 끌고 간다는 것은 마지막 출구가 없을 때나 하는 짓이다. 출구 없이 끌려가면 사업도 망치고 개인적인 신뢰도도 망친다. 놓아야겠다고 생각되면 깨끗하게 던지는 것이 좋다.

046
성공하는 방법은 따로 있다

사람마다 나름의 성공 방법이 따로 있다. 그러므로 남의 성공을 부러워할 필요가 없다. 사업에서 성공의 측정 방법은 두 가지이다. 하나는 매출액이고 둘째는 수익률이다. 어느 하나를 잡으려고 하면 다른 하나는 문제가 생긴다.

실제 사업에서는 둘 중 하나라도 분명하게 잡으면 나름대로 성공했다고 한다. 매출만으로 성공을 쉽게 측정할 수 있을지 몰라도 실제 사업은 가면 갈수록 수익률이 더 중요하다. 매출액은 위기가 닥치면 극복하기 어려운데 이럴 때 수익률이 높으면 극복하기 쉽다.

그리고 하나 더 강조되는 것이 바로 연속성이다. 일시적으로 매출이나 수익이 높은 것이 아니라 꾸준히, 변동 없이 유지 될 수 있는가 하는 것이 기준이다.

이 세 가지 기준으로 사업을 판단하면 각각 산업의 성격이나 사업의 성장주기, 그리고 사업가의 생애주기에 따라서 나름의 성공 시기와 방법 또는 그 결과가 도출된다. 그러니 남의 성공은 남의 성공일 뿐이고 부러워할 필요가 없다.

　나에게 주어진 사업을 통해서 할 수 있는 것을 제대로 하면 된다. 늦어도 좋고 많은 사람이 모여들지 않아도 좋다. 꾸준히 해나갈 수 있는 사업이 있고 함께 하는 사람이 있으며, 미래가 있다면 그것은 이미 성공의 길로 가고 있는 것이다. 남과 비교하면서 사업의 성공 여부를 판단할 필요는 없다. 길이 다른데 그 길을 따라가면 목적지만 달라지고 결국은 돌아올 수밖에 없다.

기회와 위협은 같이 자란다

위기란 기회와 위협이라고 한다. 위기란 나쁜 것만 있는 것이 아니라 위기를 통해서 성장의 기회를 만들 수 있다는 뜻이다. 기회와 위협은 동전의 양면과 같다. 그래서 사업의 규모가 크면 기회도 위협도 커진다. 기회가 커진다는 것은 기회를 통해서 성장할 수 있는 기회가 더 많고 크다는 의미이며, 위협이 커진다는 것은 그것을 통한 피해가 커진다는 의미이다.

위기의 규모가 커지면 커질수록 그것을 극복하고 기회를 활용한 기업이 크게 성장한다. 그렇지 못한 기업은 도태된다. 과거 한국 경제를 돌아보면 10년 주기로 경제위기가 닥친다. 그런 10년 주기에 맞추어 성장하는 기업이 있고 위협을 견디지 못하고 망하는 기업이 있다.

문제는 그 위기의 조건이나 상황이 언제나 바뀐다는 것이다. 그래서 예측하기 힘들다. 경영을 조금이라도 게을리 하면 그 위기를 감지를 못한다.

기업가의 경영 능력은 일상적인 활동보다도 큰 위기의 시기에 어떻게 극복해 내는가에 달려 있다. 일종의 패러다임 시프트와 같다. 지금 한국 경제의 위기가 다가오고 있다. 이 위기를 어떻게 극복할지에 대한 대책이 필요하다. 그런 준비된 기업만 또 다른 위기에 살아남을 것이다.

048
경쟁심은 필수이다

／

  마냥 좋기만 한 일을 하고 싶다면, 경영자가 될 수 없다. 그런 사람은 사회에 봉사할 수 있는 직업을 찾는 것이 좋다. 경영자는 시장에서 상대방 경영자와 경쟁하는 것을 즐기는 사람이어야 한다.

  오늘 이기지 못하면 회사가 망하고 내일 또 이기지 못하면 회사가 성장하지 못한다. 끊임없는 경쟁을 해야 일이 사업이다. 그러므로 경영자는 자신의 사업을 위해서 때로는 법도 어기고 가족으로부터 외면당하고 욕도 많이 먹는다. 때로는 냉혈한이나 범법자가 될 수도 있다.

  이런 과정을 겪어야 경쟁에서 이기기 때문이다. 그럴 자신이 있는 사람이 경영자가 되어야 같이 일하는 사람들도 힘들지 않다. 좋은 일, 칭송받는 일만 하려는 사람은 경쟁에서 질 수밖에 없고 개인뿐 아니라 주변의 모든 사람에게 손실을 안겨준다.

  끊임없이 경쟁을 해야 하는 것이 결코 좋은 일은 아니다.

어느 순간이 되면 경쟁을 포기하고 싶을 수도 있고 그럴 때는 은퇴해야 한다. 그러나 그 전까지는 경쟁해야 하고 경쟁에서 이겨야 한다.

경쟁은 매번 반복되는 게임과 같다. 지금 실패했다고 해서 절망할 필요는 없고 경쟁자를 상대로 한 번 이겼다고 해서 우쭐할 것도 아니다. 실패하면 다음 경쟁에서 또 이기면 된다. 한 번 이겼다면 다음에 또 이기도록 전략을 짜야 한다. 중요한 것은 경쟁의지이다. 이것이 없으면 계속 패배할 수밖에 없다.

049
계획에는 늘 부족함이 따른다

/

계획을 잘 세우기란 쉽지 않다. 좋은 계획은 실천을 할 수 있는 계획을 세우는 것이지, 하고 싶은 일을 정리하는 것이 아니다. 계획을 세운다면서 숫자놀이를 하면 안 된다. 실행하지 않으면 안 되는 계획을 세워야 한다. 그만큼 계획은 세우기도 어렵지만 그 계획을 제대로 수행하기도 어렵다.

그렇다고 계획을 하고 싶은 대로 만들면 안 된다. 사업은 계획에서 시작해서 계획으로 끝이 난다. 어떤 사업을 할지도 계획이고 어떤 사람을 쓸지도 계획이다. 어떤 자원이 필요한지도 계획이고 그 자원 조달을 어떻게 할지도 계획이다. 그러니 사업은 계획에서 시작해서 계획으로 끝날 수밖에 없다.

문제는 계획을 잘 세우고 수행도 잘하는 것인데 이를 실행하기 어렵다. 이유는 결국 자원이 부족하기 때문이다. 자원은 계획을 세우는 것에 비해서 항상 부족하다. 돈도 인재도 협력업체도 다 부족할 수 있다. 좋은 계획은 그런 부족한 부분을 고려해서도 수행할 수 있도록 만드는 것이다.

부족함만 아니면 계획을 수행할 수 있다고 하는 것은 사업계획의 기초를 모르고 하는 말이다. 계획은 항상 부족함 속에서 만들어지고 성과도 부족함을 기반으로 달성된다. 좋은 계획은 부족함을 인지하고 그 부족함을 해결해서 성과를 달성하고자 하는 것이다.

050
자주, 작게를 연습하라

사업 초기에는 큰 욕심이나 큰 성공을 바라면 안 된다. 작지만 자주 성공하는 것이 좋다. 하나의 거래처를 더 발굴하거나, 작은 오더라도 받아서 문제없이 납품하고 대금을 수금 받는 것이 좋다. 고객에게 직접 판매를 하더라도 고객의 불만을 무리 없이 해소시켜 주는 것이 좋고, 소규모 생산이라도 품질에 하자가 없이 만들어 내는 것이 좋다.

작게 성공한다는 것은 실패도 작음을 의미한다. 작은 성공과 작은 실패를 동시에 경험하는 게 좋다. 그러면서 사업의 프로세스를 안정시켜 나가는 것이 효과적이다. 큰 성공을 하려고 하면 많은 사람들이 함께 일해야 하고 기간도 오래 걸린다. 또 여러 사람을 거치기 때문에 중간에 하나의 실수라도 생기면 실패하기 쉽다. 작은 성공은 오로지 경영자 혼자서 감당하고 실패도 성공도 처음부터 끝까지 완료할 수 있다.

그렇게 조금 더 크게, 더 긴 시간을 요하는 일을 해결하면서 필요한 사람을 하나씩 채우면 된다. 작은 성공은 돈을 크게 벌거나 대단한 성과를 내지 못한다. 하지만 불완전한 프로세스를 정립시키고 혹시라도 발생할 가능성이 있는 문제들을 사전에 걸러주는 역할을 한다.

크게 성공하는 경우에는 리더의 역할이 한정된다. 성공하고 나서 프로세스가 무너지기 쉽다. 하지만 작게, 자주 성공하면서 키운 사업은 리더가 프로세스를 감당할 수 있고 지속적으로 성장하는 것도 가능하다. 작은 성공은 권투에서 스파링(sparring) 연습을 하는 것과 같다.

051
만족할 줄 모르면 화를 입는다

사업을 하다보면 유혹이 많아진다. 좋은 차를 몰아서 은행이나 관공서에 잘 보이고 싶기도 하고, 영업한다고 골프도 치게 되고, 술집에서 술도 많이 마시게 된다. 어느 정도 성공하면 주변에서 여러 가지 요청이 들어오며 써야 할 감투도 많다. 그런데 이 모든 것은 자기의 만족을 위한 것이지, 뜯어보면 사업에 도움이 되는 것은 없다.

이때 적당히 만족할 줄 모르면 큰 화를 당한다. 과거의 황제들이나 왕을 보면 대부분 권력을 욕심내다가 화를 당했다. 그래서 사업을 하면 할수록 자신을 절제하지 않으면 안 된다. 절제된 역량을 제품 개발에 집중하거나 시장을 넓히는 데 집중하거나 조직관리에 힘써야 한다.

언제든지 경쟁자보다 한 발 앞서기 위해서 역량을 축적하고 사업가의 시간도 아껴야 한다. 정신이 흐트러지면 처음에는 모르지만 시간이 지나면 표가 난다. 그때는 이미 늦었다. 큰 화를 당하고 나서야 돌이켜 만족하지 못하고 절제하지 못한 것이 문제라는 것을 느낀다. 그렇게 뒤늦은 후회를 하지 않기 위해서는 자신을 다스려야 한다. 자신의 마음을 다스리고 작은 것에, 작은 성공에 만족할 줄 알아야 더 크게 나아갈 수 있다.

052
목표가 분명하면 참을 수 있다

사업하다가 보면 그만 두고 싶을 때가 한두 번이 아닐 것이다. 처음에는 새로운 제품으로 세상을 이롭게 하겠다거나, 가족을 위해서, 때로는 어쩔 수 없는 상황 때문에 사업을 시작한다. 그러다가 한두 해씩 지나면 무엇 때문에 사업을 하는지 모르는 때를 맞는다. 차라리 다른 일을 했으면 먹고 사는 데 문제가 없을 텐데 사업을 시작해서 살기도 어렵고 성공할 길도 보이지 않는 순간이 자주 찾아온다.

이런 때가 사업가로서의 슬럼프이다. 슬럼프를 맞으면 가족이나 직원, 거래처의 사장들이 힘이 되어 줄 것이다. 그런데도 허기가 지면 그것은 바로 목표가 분명하지 않아서다.

사업을 통해서 얻고자 하거나 이루고자 하는 그 무엇이 있어야 한다. 그것이 힘들게 사업을 하는 근거가 된다. 그 목표는 단순히 잘 먹고 잘 살겠다는 의미가 아니다. 진정으로 무엇을 이루어서 사회에 도움이 되고 다른 사람들을 이롭게 하겠다는 뜻이다.

사람은 도움을 주고받을 때 삶의 의미를 느낀다. 사업도 사회적인 공헌을 하게 될 때 더 큰 열정을 갖게 되는 법이다. 혹시라도 슬럼프에 빠졌다고 생각이 되면 다시 한 번 내가 사업을 하려고 한 목적이 무엇인지, 그리고 구체적인 목표가 무엇이었는지 점검해 보는 것이 좋다.

오래 사업하려면 항상 목적을 점검해봐야 한다. 그러면 지금 하는 일이 새롭게 느껴지고 힘과 용기를 얻을 수 있을 것이다.

053
귀가 얇으면 사업도 얇아진다

사장은 이해관계에 있는 사람들의 이야기를 잘 들어줘야 한다. 그런데 잘 들어주는 것과 쉽게 행동하는 것은 다른 문제이다. 들은 이야기가 좋은 이야기라고 해서 곧바로 움직이는 이들이 있다. 그러면 시행착오를 일으키기 쉽다. 듣는 것과 실행은 별개이다. 들었다고 해서 실행해야 한다고 생각하면 오산이다.

귀가 얇은 사람이 사장이 되면 수없이 많은 시행착오를 겪게 된다. 실행하기에 앞서서 먼저 해야 하는 것은 검증이다. 검증은 세 가지에 기초해서 이루어져야 한다. 첫째는 사실인가, 아닌가 하는 팩트 검증이다. 왜곡되거나 분명하지 않은 이야기를 가지고 재구성한 이야기는 분명 문제가 있다. 비록 흥미로운 이야기일지라도 팩트를 정확히 확인해 봐야 한다.

둘째는 효과성 검증이다. 이는 실행 단계에서 어느 정도의 효과를 볼 수 있는 지 예측하는 것이다. 효과성이 없이 실행부터 하면 비용만 낭비하게 된다.

셋째는 반발에 대한 검증이다. 실행에 돌입했을 때 반대하거나 문제를 일으킬 사람이나 집단을 확인해야 한다. 어떤 일이든 그 일을 통해서 이익이 얻는 사람이 있고 손해를 보는 사람이 있다. 실행 전에 이들에 대해서 검증을 해둬야 대응을 어떻게 할지 계획을 세울 수 있다.

사장은 귀가 얇으면 안 된다. 쉽게 움직여도 안 된다. 검증을 통해서 하나하나 짚어 나가면 빈 구멍이 보일 것이다. 바로 그 구멍을 찾아내고 메워주는 사람이 좋은 사장이고 이런 사람이 좋은 결과를 얻는다.

054
30대는 무모하기 쉽다

30대에 창업을 하는 사람은 대개 열정적이다. 열정 하나로 시작할 수 있는 나이가 30대이다. 그런데 30대에 성과를 거두는 것은 쉽지 않다. 과거처럼 경제가 급속히 성장하는 상황에서는 줄만 제대로 잡아도 성장이 쉬웠다. 30대에 시작해서 성공한 창업자들이 많은 것도 그때가 경제성장의 시기였기 때문이다. 또 외국의 경우는 30대에 시작해서 성공하는 이들이 많다. 외국에서는 성공하는데 한국이라고 못 하느냐고 반문할 수 있다. 하지만 외국과 한국의 경영 환경은 다르다.

외국은 30대 부사장이 많다. 실제 선진국에서는 사업이나 직장 생활을 20대 초반에 시작한다. 남자들이 군대에 갈 이유가 없고 독립심을 기르도록 교육받기 때문에 자립이 빠르다. 30대가 되면 이미 사회생활을 10년 이상 한 것이다. 한국과는 적어도 5~10년이 차이 난다.

한국의 30대는 경험이 충분하지 못해서 창업을 해도 무모한 도전으로 끝나는 경우가 많다. 그런 무모한 도전도 하나의 좋은 경험과 실패를 줄이는 과정이라 볼 수 있다. 무모하기에 창업도 하고 성공도 하는 것이다.

여기서 중요한 것은 실패하더라도 최선은 다하라는 것이다. 실패한 만큼 남는 게 아니라 노력한 만큼 남는다. 그래야 노력을 자산으로 또 다시 도전할 수 있다. 다만 일어서지 못할 정도로 무모하거나 불법인 도전은 시도하면 안 된다. 실패의 위험이 있더라도 정당한 길로 가야 한다.

055
40대는 유혹에 약하다

40대 사장은 자신감이 충만한 탓에 유혹에 약하다. 유혹의 본질은 성취를 원하는 흥분 상태이다. 이런 감정에 젖어 있으면 무엇이든 하기만 하면 성과를 거둘 수 있을 것 같다. 그러면 준비도 없이 쉽게 결정을 내리게 되고 그런 결정이 덫이 된다. 덫에 걸리지 않으려면 유혹의 본질이 무엇인지 정확히 보는 안목이 필요하다.

우선 어떤 제안이 들어오면 그때는 일주일 정도 생각하는 시간을 가져라. 또 가능하면 즉답을 하지 마라. 유혹은 신속한 결정을 요구하고 기대와 만족감을 한껏 높이며 커다란 위험을 동반한다.

이런 제안은 신속히 받아들이지 않으면 다른 사람이 선점할 것 같은, 불안감마저 자극한다. 그렇더라도 일주일 정도 시간을 두고 생각해야 한다. 그러는 사이에 누군가 기회를 낚아채더라도 연연할 필요는 없다. 또 다른 기회가 반드시 찾아오기 때문이다.

40대의 사장들은 기회가 오면 놓치지 않으려고 한다. 준비가 되어 있지 않을 때 찾아오는 기회는 오히려 실패의 지름길이 된다. 그것이 유혹이다. 40대 사장은 의사결정에 신중해야 한다. 그런 신중함이 사업의 미래를 결정한다. 눈앞에 유혹을 떨쳐내고 기다리고 점검하고 준비하는 자세가 필요하다. 이는 일종의 자기와의 싸움이다. 유혹만 떨쳐 내면 40대는 사업 역량을 가장 발휘하기 좋은 나이다.

056
50대는 열정이 식는다

50대가 되면 정신적, 육체적인 한계를 자주 느낀다. 건강에 있어서 자신이 없기 때문에 열정도 사라진다. 열정도 비전도 서서히 사라지고 이제는 정리를 해야 한다는 의무감 때문에 새로운 영역을 개척하지 못하는 경우가 많다.

50대 사장이 해야 할 일 중에서 가장 중요한 일은 사회적으로 도움이 되는 일을 찾는 것이다. 이미 이루어 놓은 성과 위에 사회적인 의미를 더하면 열정도 생기고 새로운 가능성도 열리고 사업의 의미도 돌아볼 수 있다. 너무 무리할 필요는 없다.

여기에 한 가지 더 추가하자면 실패를 최소화하라. 실패를 두려워하지 않으려고 애쓸 필요는 없다. 50대라면 실패를 두려워하지 말고 덤벼야 할 시기를 이미 지났다. 실패하면 회복이 오래 걸리고 도덕의식도 약해진다. 따라서 나이에 맞게 움직이며 실패를 최소화하는 것이 좋다.

끝으로 사업의 의미도 바로 세우고 지금까지의 성과를 어떻게 승계할지 정리를 해야 한다. 이때 가장 좋은 습관이 기록하는 것이다. 비록 큰 꿈은 이루지 못했더라도 기록이 승계되면 승계 받는 사람에 의해서 정비가 될 수 있다. 또 성과가 사라지지 않고 오래 동안 남아서, 사회를 빛내줄 수도 있다. 이런 목표를 세우면 지금까지의 열정과는 또 다른 열정이 생긴다. 이것이 50대에 맞는 열정이다.

3

사업모델:
어떻게 구체화할 것인가?

057
이익은 내부에서

흔히 이익을 밖에서 벌어 오는 것이라고 생각하지만 실제 이익은 내부에서 발생한다. 아무리 매출이 많은 회사라도 내부관리가 이루어지지 않으면 그 기업은 망한다. 이익의 근원이 내부에 있기 때문이다. 외부에 있는 것은 이익의 가능성이지, 이익이 아니다. 그 가능성을 이익으로 가시화하는 것은 내부의 시스템이다. 시스템이 이익을 지키고 만들어 내낸다.

즉 파이가 큰 것과 파이를 잘라서 이익을 남기는 것은 다르다. 내부적으로 이익을 증대 시기는 것과 외부적으로는 시장을 확대하는 것, 이 두 축이 경영을 이루는 두 개의 바퀴인 셈이다. 만일 어느 한 바퀴가 무너지거나 두 바퀴의 균형이 맞지 않으면 수레는 결국 망가지고 만다.

商道錄 058
과거를 무시하면 미래도 없다

과거를 무시한 채 설계한 미래는 성공하기 어렵다. 과거의 실수를 미래에도 반복하고 과거의 강점을 살리지 못할 확률이 높기 때문이다. 과거는 그냥 과거가 아니라 미래로 가는 계단이다. 사업의 핵심은 실수를 줄여 가는 것이므로 과거의 경험이 중요하다. 비즈니스의 규모가 작을 때 빚어진 실수들은 사업이 커가면서 반복되기 때문에 작을 때 실수를 줄이면 큰 사업을 해도 그 실수로 인한 문제가 발생하지 않는다. 작은 사업에서 발생한 실수는 손실이 적지만 큰 사업의 실수는 회복할 수 없는 정도로 큰 손실을 남긴다. 그러므로 과거의 사업을 평가하고 문제점을 고쳐나가야 미래의 큰 사업을 지킬 수 있다. 과거를 무시하는 사업가는 미래를 헤쳐 나갈 수 없다.

059
집중은 선택

사업에 집중하는 것은 곧 선택을 의미한다. 때로는 가능성이 높은 일도 버려야 하고 나를 빛내줄 수 있는 사업도 버려야 한다. 가족을 위해서 필요한 것도 버려야 하고 자신의 좋아하는 취미와 관련된 것도 버려야 한다. 집중해서 성공할 수 있는 사업만 선택해야 한다. 양손에는 두 개의 사업만 쥘 수 있다. 한 가지는 이미 하고 있는 사업이고 다른 하나는 새롭게 해야 할 사업이다.

새로운 사업은 집중해서 하나를 선택하는데 기존의 사업과 철저하게 시너지가 있는지를 기준으로 판단해야 한다. 그런 사업을 선택하지 못하면 결국 기존의 사업도 위험하게 된다.

사업은 항상 자전거 타기와 같다. 앞바퀴는 새로운 사업이며 뒷바퀴는 기존의 사업이다. 어느 하나라도 무너지면 결국 무너지고 만다. 자전거 두 개의 바퀴가 서로의 속도를 맞추어 가며 앞으로 쉼 없이 돌아가고 서로 보조를 맞추어 가야 한다. 사업도 그렇게 같이 움직여야 한다.

사업모델

060
본전은 생각하지 마라

사업가들 중에는 지금까지 투자한 매몰비용 때문에 사업을 정리하지 못하는 이들이 많다. 모든 투자가 회수돼야 한다고 생각하면 그 사업은 늪이 되고 만다. 어느 정도 사업을 전개하면 그 가능성에 대한 답을 내야 한다. 그런데 본전 생각을 하면 미련이 남는다. 그렇게 끌려가면 결국 늪 속에 빠지고 만다. 사업가는 꼬리 자르기를 잘해야 살아남는다.

수익이 높은 비즈니스는 위험도 함께 존재한다. 본전 생각을 하면 위험이 보이지 않는다. 위험은 단순히 돈의 문제가 아니다. 시간을 손해 보고 사업에 집중하지도 못한다. 따라서 사업을 전개할 때 어느 정도까지가 한계인지를 정하고 가야 한다. 시간도 정하고 투자금액도 정하면서 가야 하는 것이다.

그 이상이 요구되면 일단 정리를 해야 한다. 정말로 더 투자하고 사업을 전개하는 것은 맞는지, 아니면 완전히 새로 해야 하는 것인지 또는 완전히 매각하여 정리 하는 것이 좋은지 끊임없이 돌아봐야 한다. 본전에 연연하면 그것은 본전이 아니라 밑 빠진 항아리가 되고 만다.

商道錄
061
목표는 단순하게

사업을 할 때 높은 목표, 그리고 다양한 목표를 세워서 추진하는 것 좋다고 한다. 이런 목표의 50%만 달성해도 좋은 것이 아닌가 생각한다. 하지만 여기에 허점이 있다. 높은 목표는 그 만큼 허점이 많고 치밀하지 못하다.

너무 높은 목표는 실행까지 못 가고 말에서 그친다. 결국 제대로 하지도 못하고 몇 가지 시도만 하다가 끝나고 마는 경우가 많다. 그런 목표는 없는 것만 못하다. 목표를 단순명료하게 하는 과정은 목표를 달성하는 데 있어서 반드시 필요하다. 목표는 달성할 만큼만 세우고 그것을 단순화시켜서 누구나 공감하게 만들자. 그리고 분명한 목표에서 비롯된 명확한 지침을 조직 내에 공유한다.

여러 사람이 산을 오른다고 가정하면 '정상까지'라는 단순한 목표를 세워야 한다. 이런 단순한 목표 없이 출발하면 어떻게 될까. 누구는 산중턱까지 누구는 산마루까지, 그리고 누구는 정상이라고 인식하고 출발하면 다들 각자의 생각대로 움직이다. 그러면 목표를 달성할 수 없다.

단순한 목표를 향해서 모두가 함께 가야 성취감을 느끼고 조직도 튼튼해진다. 조직을 움직이는 힘도 결국엔 단순명료한 목표에서 나온다. 목표가 무엇인지를 결정하는 것이 리더가 할 일이다. 리더는 환경과 조직원의 상황을 판단해서 목표를 설정해야 한다.

062
보이지 않는 비즈니스가 더 중요하다

눈에 보이는 사업은 예측하기 쉽다. 그러나 그 크기나 가능성이 제한되어 있다. 반면에 눈에 보이지 않는 비즈니스는 상상하는 대로, 무한대의 기회들이 존재한다. 따라서 사업가는 눈에는 보이지 않지만 미래에 이루어질 큰 가능성에 온 몸을 실어야 한다. 사업이란 가능성의 도전이지, 예측 가능한 부분에 대한 수확으로만 이루어진 것이 아니다.

사업은 가능성을 찾는 과정과 그 찾아진 가능성을 현실화 시키는 두 가지 사이클이 반복적으로 일어난다. 현실화 시키는 과정에 30%의 역량을 쏟는다면 70%의 역량은 가능성을 찾는 일에 집중해야 한다. 가능성을 찾는 일은 전적으로 경영자의 일이지만 현실화 시키는 것은 직원과 함께 할 수 있는 일이기 때문이다.

리더가 눈에 보이지 않는 사업에 집중할 때 미래가 보인다. 눈앞에 보이는 사업만 생각 하는 사람은 실무자이지 리더가 아니다. 미래는 리더가 직접 만드는 것이지 어느 누구도 대신 만들어 주지 않는다.

시스템으로 경쟁해라

사업은 시스템 경쟁이다. 시스템에는 내부 시스템도 있고 외부 네트워크 시스템도 있다. 제대로 구축되지 않은 시스템은 비즈니스에 손실을 안겨준다. 산업마다, 기업의 성장 조건마다 각각 다른 시스템이 필요하다. 그것을 판단하는 것이 리더의 역할이다.

시스템을 구축하는 것이 자신이 없으면 사업을 혼자서 하면 된다. 규모를 키우지 않고 먹고 살 만큼만 수익을 거두는 것이다. 하지만 개인이 할 수 있는 범위는 대략 30억 이내이다. 그 이상은 시스템이 구축되어야 가능하다.

시스템 없이 혼자 해나가는 구조는 매출이 성장하면 할수록 위험해진다. 비즈니스에 문제가 생겨도 어디서 생긴 것인지 알 수 없다. 시스템을 구축하려면 돈도 들고 인력도 필요하고 리더는 시스템을 관리할 수 있는 능력이 필요하다.

하지만 시스템을 갖추면 국내 1위도 하고 세계적인 기업으로 성장할 수도 있다. 시장과 산업에 맞는 시스템을 갖추

사업모델

는 것이 최고의 경쟁력이다. 사업은 혼자 하는 것이 아니라 시스템으로 하는 것임을 잊지 말아야 한다.

064
첫 제품은 매우 중요하다

고객은 처음 본 제품을 기억한다. 첫 제품이 좋으면 다음 제품에 대해서도 기대를 갖기 마련이다. 그래서 첫 제품이 좋으면 시장을 확장하기 쉽다. 반대로 첫 제품에서 신뢰를 받지 못하면 만회하기까지 시간이 오래 걸린다. 그렇기 때문에 첫 제품은 최선을 다해야 한다.

하지만 제아무리 최선을 다한다고 해도 완벽할 수는 없다. 이때 중요한 것은 최선이다. 최선을 다해서 만들어 놓으면 고객이 어느 정도는 인정을 해준다. 첫 제품이지만 부족해도 좋다고 해버리면 더이상 진척은 없다. 하지만 부족해도 최선을 다해서 만들어 놓으면 다음에는 그보다 좋은 제품을 만들 수 있다.

첫 인상이 중요하듯이 첫 제품도 중요하다. 사업은 이미지를 어떻게 가져가는가에 따라서 좌우된다. 부정적 이미지를 극복하기 위해서는 두 배 이상의 노력이 필요하다. 그러므로 첫 제품에 최선을 다해야 한다.

사업모델

집요하게 파고들어라

사업에 있어서 아이디어는 시작일 뿐이다. 그 아이디어를 가지고 시스템, 즉 돈을 벌어들이는 구조를 만들지 않으면 안 된다. 아이디어를 내는 시간을 짧을 수 있지만 그것을 시스템으로 만드는 시간을 그보다 10배 이상의 시간이 걸린다.

집요하게 시스템이 되도록 관리하고 다시 설계하고 수정하고 때로는 실수를 해가면서 완성해야 한다. 빈틈이 있는지, 제대로 운영되는지, 혹시나 갑작스런 위험은 없는지, 끝없이 관리해야 시스템으로 안착이 된다.

사업에서 돈을 버는 것은 그런 노력의 결과이지 아이디어만의 대가가 아니다. 특허를 낸 사람이 사업의 성공하는 것이 드문 이유도 아이디어만 만들어졌기 때문이다. 그것으로는 결과를 볼 수가 없다.

아이디어를 집요하게 파고들어서 돈이 되는 시스템으로 만들어 낼 때 그때 비로소 돈이 버는 사업으로 완성된다. 좋은 아이디어일수록 너무 빨리 식상해질 가능성이 높다. 비록 어설픈 아이디어지만 끊임없이 업데이트 되는 것이 더 효과적이다. 그래서 아이디어가 생기면 그것을 완성하고 사업화하는 과정을 철저하게 경험하면 할수록, 사업의 기회가 커진다.

商道錄 066
숨기지 않아도 훔칠 수 없게 만들라

/

　사업가들은 항상 자신의 아이디어나 기술이 남이 훔쳐갈까봐 가능하면 별 볼일 없는 것까지도 숨기려고 한다. 하지만 그런다고 해서 완벽하게 숨겨지지 않는다. 오히려 숨겼다고 방심하는 사이에 모두가 그 정보에 대해서 알 수도 있다. 오히려 숨기지 말고 드러내면 더 좋은 결과를 얻는다. 생각하지 못했던 기술적 문제를 지적 받을 수도 있고 새로운 시장이 열릴 수도 있다.

　만약에 어쩔 수 없이 숨겨야 한다면 훔쳐 갈 수 없을 방안을 만들어야 한다. 특허맵을 만들든지 기술 정보를 쥐고 있는 핵심 멤버를 평생 함께하도록 만들든지 완전히 정보를 오픈하지 않고 처음부터 끝까지 혼자 일해야 한다. 그 정도로 철저하게 하지 않는다면 오픈해서 훔쳐갈 수 없도록 시스템을 만들라.

　모두가 아는 정보는 굳이 훔쳐갈 필요가 없다. 정말 핵심은 누구나 알아도 그것을 사업화 하지 못하는 부분을 시스템으로 구축하는 것이다. 단순한 진리가 가장 강력한 힘을 발휘한다.

商道錄

067
변하지 않는 비즈니스 플랫폼

　창업 초기에 집중적으로 고민해야 하는 것은 바로 비즈니스 플랫폼이다. 이것에 의해서 사업의 수명이 결정되므로 다른 어떤 것보다도 중요하다. 그래서 리더는 시장의 변화에 대응할 수 있는 플랫폼이나 지속적으로 유지 가능한 플랫폼을 만드는데 집중해야 한다.

　시장의 기회가 생겨서 시작하는 사업은 오히려 위험하다. 그런 비즈니스는 기회가 끝나면 수명을 다한다. 하지만 플랫폼을 중심으로 사업모델을 개발하게 되면 시장의 기회가 있으면 더 좋고 그렇지 않더라도 유지될 수 있다. 다만 초기에 플랫폼을 만들어내기 어려우므로 역량을 집중해야 한다.

　미래의 비즈니스 경쟁은 플랫폼 경쟁이다. 과거의 경쟁 모델과는 다르다. 최적의 원가로 어디에서 만들든 최고의 제품을 만들어 내는 플랫폼으로 경쟁력이 결정된다. 누가 생산했는지가 중요한 것이 아니라 누가 디자인하고 지도한 플랫폼인지가 더 중요하다.

사업모델

068
전략적인 기회를 잡아라

／

하버드를 졸업한 사람은 하버드를 중퇴한 사람을 위해서 일한다는 말이 있다. 이 말은 하버드를 다니다가 바로 사업에 뛰어들어서 성공한 사업가가 졸업생들을 고용한다는 뜻이다. 그 중퇴자들이 선택한 사업의 기회를 전략적인 기회라고 한다. 사업의 기회가 왔을 때 졸업보다 기회를 잡기 위해서 학업을 포기한 것이다. 사실 이런 전략적인 기회는 자주 오지 않는다. 이런 기회를 잡기 위해서는 도박을 감행해야 한다.

이렇게 성공한 기업인이 미국에는 많다. 그들은 생각이 열려 있기 때문이다. 학업을 마쳐야 한다고 생각하면 기회가 와도 잡지 못한다. 나중에 다시 시도하겠다고 생각하지만 사업은 타이밍이 중요하다. 누가 빨리 시장을 장악하고 시스템을 만드는가에 성공의 여부가 달려 있다.

아이디어도 마찬가지이다. 아이디어를 만드는 것보다 더 중요한 것은 그 아이디어를 어떤 시기에 런칭하는가 하는 것이다. 시기에 따라서 그 가치는 천차만별이 된다. 가장 가치가 높이 발휘될 수 있는 시기에 기회를 잡아야 한다. 그리고 그것에 올인할 수 있을 때 적어도 그 분야에서는 세상을 바꿀 수 있다.

069
사람은 누구나 회의주의자이다

/

아이디어를 만들어 낼 때는 어떤 방식이든 성공할 것 같고, 사업화 될 수 있을 것 같다. 그러나 이 아이디어에 대해서 주변에 이야기하면 허점이 보이기 시작하고 부정적인 부분이 있음을 알게 된다. 주변 사람들은 아이디어의 단점을 지적하면서 실패할 경우에 발생할 손해나 어려움에 대해서 지적한다.

그 이야기를 들으면 '왜 내 주변 사람들은 부정적인 생각만 할까?' 하는 생각이 든다. 비록 애정 어린 충고일지라도 아이디어를 낸 사람은 실망스럽다. 이럴 때 아이디어를 발전시키는 데 도움을 주는 사람이 필요하다.

아이디어는 하나로 끝나는 것이 아니라 발전해야 사업화 될 가능성도 높아진다. 제대로 된 아이디어가 되려면 여러 사람의 생각이 모여야 한다. 협업해서 아이디어를 만들어 낼 수 있는 분위기가 성공으로 가는 밑거름이 된다.

부정적인 사람과 일하면 아이디어가 죽는다. 그렇다고 아이디어에 환호하는 사람만 모여도 실패한다. 아이디어를 사업화 하는 데 위험한 요소를 제거하고 그런 경험을 공유할 수 있는 이들과 함께 해야 아이디어가 산다. 아무리 혁신적인 아이디어라고 하더라도 처음에는 거의 대부분의 사람들이 반대했다는 것을 잊지 말라.

商道錄 070
새로운 시장, 새로운 경쟁법칙

／

　새로운 시장이란 단순히 지역적인 구분이 아니다. 시장 크기를 바꾸는 것이나 시장을 세분화해서 계층화시키는 것, 혁신 제품을 출시하는 것도 다 개척에 해당된다. 새로운 시장은 결국 사업가가 기존의 시장경쟁에서 전혀 다른 시장을 개척하고 그 시장의 나름의 경쟁 법칙을 찾는다는 것이다. 새로운 시장에는 그 속에 숨겨진 경쟁의 핵심 포인트가 있다.
　이것을 먼저 알아내는 사람이 시장을 선점한다. 쉽지는 않지만 이런 경쟁 법칙을 찾아 낼 때 그 시장의 리더가 된다. 그래야 시장의 선점을 통해서 초과 이득을 만들어 낼 수 있다. 또 작은 시장에서 큰 시장으로 규모를 키울 수 있다.
　어느 시장이든 그 시장에서 일등 하는 경쟁법칙을 찾아야 한다. 시장은 동네, 지역, 국가별로 20대, 30대, 40대로 여성, 남성, 어린아이, 청소년으로 수도 없이 쪼개진다. 만약에 목표가 설정되면 그 시장의 경쟁법칙에 집중해야 한다. 그게 가장 효과적인 시장전략이다.

이 과정에서 하나의 시장에서라도 1등을 하면 다른 시장으로 쉽게 넘어갈 수 있다. 그 시장이 확장될 잠재성이 있다면 더욱 더 강력한 경쟁력을 가지게 된다. 이것이 경쟁의 법칙이다.

071
열 개 중 하나는 건진다

사업은 아이디어로 시작해서 아이디어로 결실을 맺는다. 그래서 아이디어를 개발하는 일을 게을리 하면 안 된다. 하지만 모든 아이디어가 성공하는 것은 아니다. 성공하는 아이디어는 열 개 중에 하나일 수 있고 백 개 중에 하나일 수도 있다. 중요한 것은 아이디어를 만들어 내지 못하면 사업이 성장하기 어렵다는 것이다.

아이디어를 많이 만들면 만들수록 구체적이고 새로운 아이디어가 샘솟는다. 계속 만들어 보고 실행해 봐야 더 좋은 아이디어가 생기는 것이다. 몇 번 실행하다가 멈추면 아이디어는 생겨나지 않는다. 하잘 것 없는 것이라고 할지라도 계속 찾고 뒤져야 좋은 아이디어가 나온다. 그렇게 모인 아이디어가 사업의 밑천도 되고 문제 해결 방안도 되고 신상품이 되기도 한다.

기업의 리더는 자신이 만든 아이디어를 사업화시킬 수 있는 결정권도 함께 갖는다. 사업하는 재미는 바로 아이디어를 사업화시키고 그 결과가 좋을 때 맛볼 수 있다. 그리고 그 사업으로 인한 이익이 또 다른 사업을 만들어 내는 바탕이 된다. 마치 눈덩이를 점점 더 크게 굴리듯이 굴러가는 것이다. 그 출발은 작지만 확실한 아이디어이다. 경영자는 아이디어 사냥꾼이 되어야 한다.

072
산업의 라이프 사이클

사양 산업은 없지만 사양 공정은 있다. 산업을 분석해 보면 공정에서 노동이 집중되는 저효율 공정은 저개발 국가로 이전되고 고효율 공정은 선진국에 남는 경우가 많다. 한국과 같이 중간재 국가에서는 저효율 공정을 저개발 국가로 옮기기 위해서 자회사를 세우거나 국제 하청을 준다.

산업은 그 나름의 라이프 사이클이 존재한다. 기술 개발 자체에 의한 라이프 사이클이 존재하고, 공정 자체의 효율성 때문에 국제 분업도 하는 것이다. 그래서 어떤 사업을 시작할 때는 산업의 라이프 사이클을 주목해야 한다. 그래야 사이클에 따른 성장과 몰락을 예측할 수 있다.

남들이 다 철수하는 산업에 들어가서 살아남겠다고 하는 것은 말이 안 되고 새롭게 떠오르는 산업에 모른다고 뛰어들지 않는 것도 문제다. 산업의 라이프 사이클을 예측하면 성공 가능한 사업인지 아닌지 50%는 판단이 된다.

산업의 라이프 사이클 속에서 경쟁 포인트를 찾아야 한다.

비록 처음에는 잘 모르는 산업이라고 하더라도 먼저 깃발을 꼽으면 성공할 수 있다. 한국 사회의 산업 구조가 급속도로 변하고 있다. 이 변화를 읽어 내는가 아니면 모르고 지나는가에 따라서 미래가 좌우된다. 특히 공정의 국제 분업에 주의해야 한다. 그래야 뒤통수 맞는 일이 없다.

사업모델

취급 품목을 최대한 줄여라

음식점이 인기를 끌면 메뉴가 늘어나는 경우가 있다. 상품의 품목을 늘이고 다양화 하면 맛과 재고를 관리뿐만 아니라 일도 많이 늘어난다. 사업 초기에는 핵심 경쟁 품목을 줄여서 집중해야 효과를 볼 수 있다.

사업 초기에는 경쟁력 있는 품목 위주로 최소한의 상품에 집중해야 한다. 품목을 다양하게 하는 것이나 확장은 안정된 수익모델을 만들어 낸 다음에 하면 된다. 이 순서가 바뀌면 재고와 프로세스 손실로 이익이 줄어든다.

이는 사업가들이 너무 쉽게 범하는 실수이다. 이런 실수를 줄이는 것이 사업이 경쟁력 확보의 출발이다. 경쟁 아이템이 없는 데 사업을 시작해도 안 되고 경쟁력 있는 아이템이라 하더라도 최소한의 상품으로 수익이 확보되도록 만들어야 한다.

商道錄
074
산업의 주기를 알아라

／

산업마다 저마다의 주기를 가진다. 산업의 주기는 크게 네 가지로 나뉜다. 첫째는 태동기로 새로운 산업이 이식되거나 발달하는 경우이다. 한국의 경우, 독자적인 산업으로 새롭게 등장하는 산업은 거의 없다. 대부분 해외의 것을 이식한다. 가령 김치 산업이나 젓갈 산업은 한국고유의 산업이지만 대부분의 산업은 이식이 된 것이다.

두 번째는 성장기이다. 태동기를 지나서 성장기에 들어서면 우후죽순으로 관련 기업들이 생겨나고 다양한 시도들이 이뤄진다. 이 시기에 경쟁이 가장 심하다. 나름의 독자적인 기술이 없으면 살아남지 못한다. 원가와 기술 경쟁력이 성공을 좌우하는 시기이기도 하다.

세 번째 시기는 성숙기로 시장이 과점적인 형태로 바뀌고 대기업들이 등장하는 시기이다. 이 시기에는 규모의 경제가 중요한 경쟁 포인트가 되므로 새로운 사업을 기획해서 새로운 기업을 만들기가 쉽지 않다.

사업모델

넷째는 이전기, 또는 쇠퇴기로 국제 경쟁력에 밀리거나 대체 산업에 의해서 산업의 쇠락하는 시기이다. 이때 혁신이 없다면 그 속에서 새로운 사업을 만들기 어렵다.

이러한 주기를 잘 알고 사업을 시작해야 한다. 아무런 분석 없이 사업을 시작하면 아무리 노력해도 수익을 거두지 못할 수도 있다. 사업은 무조건 열심히 한다고 잘되는 것이 아니다. 내가 하고 싶은 사업이 속한 산업을 분석하고 시작하는 것은 중요한 큰 그림을 먼저 그리는 것과 같다.

075
욕심내면 사기 당한다

사업계획을 잘 세우면 무엇인가 될 것 같은데 실상은 그렇지 않다. 사업계획서는 가정을 전제로 한다. 그 가정이 무너지면 모든 계획이 무용지물이다. 욕심이 많으면 그 전제가 큰 사업을 만든다. 그런데 전제가 커지면 그만큼 무리수를 많이 두게 된다. 그보다는 작지만 차근차근 진행하는 것이 좋다. 걷기 전에 뛸 수 없고 건물은 1층부터 지어야지 10층이나 30층부터 지을 수 없는 노릇이다.

사업에는 기본 정석이 있다. 고객이 명확하고 가격경쟁력과 기술경쟁력, 그리고 서비스 경쟁력이 있어야 사업이 오래 갈 수 있다. 사업초기에 이 모든 것을 다 갖출 수는 없다. 경쟁력을 확보하기 위해서 최선을 다해야 하는데 그러다 보면 네 가지 중에 한 가지 정도는 욕심을 내게 된다.

그때는 승부를 걸어야 한다. 하지만 그전에는 기본부터 다져야 한다. 기본도 없는데 욕심을 내면 남의 이야기가 귀에 들어오고 거품에 취하고 결국은 자기 발에 걸려서 넘어진다.

사업모델

혹시라도 너무 무리한 사업계획을 잡는 것은 아닌지 돌아보라. 혼자 힘으로 살아남을 수 있는지, 만약에 많은 사람들과 함께 한다면 위험을 최대한 분산하고 경비를 줄일 수 있는 방법이 무엇인지 찾아라.

세상에 공짜 떡은 없다. 기초가 튼튼한 사업계획을 세우고 작게, 그리고 욕심 없이 계획을 세워야 오래 가고 멀리 갈 수 있다.

商道錄
076

사업의 기브 앤 테이크(Give&Take)

고객은 가치를 제공해준 기업에 이익이 나도록 도움을 준다. 그러므로 기업은 어떤 고객이 자기 기업을 먹여 살릴지 정확히 알아야 한다. 그래야 기업은 그 고객에 집중해서 만족도를 높이고 고객은 그 기업의 상품이나 서비스를 지속적으로 구매해서 기업이 수익을 낸다. 이로써 기업이 더욱 더 커지는, 선순환 사이클이 만들어지는 것이다.

이런 구조를 만들려면 사업가는 자신의 고객이 누구인지 명확히 알아야 한다. 가끔 블랙 컨슈머도 존재한다. 최근 들어서는 기업에게 손실을 끼치는 고객은 고객 명단에서 제외하고 심지어 서비스나 상품 판매를 거절하기도 한다.

기업에 해를 끼치는 고객은 더 이상 고객이 아니다. 어느 한쪽이라도 그 기본적인 협력관계를 깨면 기업은 고객을 바꾸고 고객도 그 기업을 외면한다. 고객과 기업은 상호협력 관계이지, 왕과 신하가 아니다. 고객을 왕처럼 생각하지 마라.

077
변하는 것과 변하지 않는 것 사이

/

변하지 않을 것을 쥐는 것이 잘 되는 사업의 비결이다. 그 중 가장 확실한 게 바로 고객을 쥐는 것이다. 고객을 정확하게 쥐고 있으면 사업은 유지된다. 거래처가 회사라고 가정하면 회사를 확실한 고객으로 쥐고 사업을 지속할 수 있다. 만일 고객이 최종 소비자라면 시장, 즉 유통을 쥐고 있으면 되는 것이다.

그런데 시장이 변하면 고객의 마음도 변하고 요구 사항도 변한다. 아무리 굳건한 회사라고 해도 그들의 최종 소비자가 변하면 따라서 변한다.

이뿐만 아니라 최종 소비자들이 원하는 제품이나 성능이 변하면 거래처는 바뀔 수밖에 없고 그것을 바꾸려면 기존의 거래처도 바꿔야 한다. 아무리 최종 소비자라고 해도 다른 확실한 변수가 변하면 따라서 변해야 한다. 고객이 원하는 것을 제공해주지 못하면 곧바로 시장에서 퇴출된다.

새로운 비즈니스는 변화하는 것과 변하지 않는 것 사이에서 탄생한다. 변화를 받아들이고 그것을 준비하고 있으면 사업을 지속할 수 있다. 하지만 그렇지 못하면 퇴출당한다. 만일 그 변화가 기존의 시스템으로 대응이 불가능할 경우는 새로운 비즈니스를 모색하자.

새로운 비즈니스는 항상 변화의 시기에 탄생한다. 가만히 있는 업체는 그 변화를 알지 못한다. 변화에 대응할 준비를 항상 하고 있어야 새로운 비즈니스가 눈에 들어오고 그것을 더 큰 사업거리로 만들 수 있다. 그것이 무엇인지는 깨어 있어야 보인다.

트렌드만 쫓다가 길을 놓친다

시기에 맞게 흥하는 사업이 있고 망하는 사업이 있다. 사업에도 트렌드가 있기 때문이다. 그러나 흥하든 망하든 성공하는 사업가가 있고 망하는 사업가가 있다.

사업 중에는 사양사업 즉, 사라지는 사업이 있다. 반대로 사라지지 않는 사업은 시장이 흥하든 망하든 사실은 별로 상관없다. 시장이 망하는 분위기면 오히려 경쟁자들이 줄어들고 흥하는 분위기라면 경쟁에서 이기고 사업을 크게 키워낼 수 있다.

그런데 흥하는 사업이라고 무작정 쫓으면 경쟁에서 질 가능성이 높다. 준비가 부족한데 트렌드에 맞는다고 해서 성공하는 것은 아니다. 준비 부족하면 망하기 쉽다. 문제는 바로 준비되어 있는 경쟁력이고 그 경쟁력이 가장 큰 효과를 볼 수 있는 곳을 찾아야 한다. 그 분야에서 사업을 하는 것이 가장 효율적이다.

사업은 트렌드에 맞추어 하는 것이 아니라 경쟁력에 맞추어 해야 한다. 스스로 경쟁력을 확보하고 키우면 트렌드에 자유로울 수 있다. 사라지지 않는 산업 중에서 가장 경쟁력 있는 사업을 택하라.

079
나만의 프레임을 가져라

／

사업가는 사업에 대한 나만의 프레임이 필요하다. 그 프레임은 사업의 기준이 된다. 사업은 매출 이익률 기준으로 볼지, 아니면 매출액 기준으로 볼지에 따라서 그 성격이 다르다. 또 생산성 증가로 볼지, 아니면 개발 속도로 볼지에 따라서도 달라진다. 즉 개발, 영업, 생산, 관리 전 분야에 이르는 나름의 프레임이 갖추어야 한다. 그리고 이들의 논리성이 상충되면 안 된다.

많은 사업가들이 분야별로 좋은 것만 취해서 그게 자신의 프레임이라고 한다. 그런데 그것은 프레임이 아니라 짜깁기이다.

사업의 기본 구조가 논리적으로 정리되면 이것을 보다 깊이 발전시켜야 한다. 현장과 실무를 통해서 깊이 발전시키면 스스로 만족할 만한 수준의 프레임을 갖추게 된다. 아이의 시각이 어른의 그것으로 발전하면 동일한 생각이라도 다양하고 사례도 많고 또 실천이 쉬워진다.

그리고 이 프레임 반드시 진화해야 한다. 완성된 프레임 수준만큼 사업이 성장한다. 최적의 프레임은 최적의 사업성과로 연결된다. 학자들만 프레임이 필요한 게 아니라 사업가에게도 진화한 프레임이 필요하다. 그래야 사업이 보다 정교해진다.

삼 년 가는 로드맵은 없다

／

사업에도 로드맵이 있으면 목표로 하는 지점까지 제대로 된 방향을 찾아준다. 그러나 이것은 현실적으로 불가능하다. 왜냐면 그 사업에 대해서 잘 아는 사람이 로드맵을 만들어 주어야 하는데, 가장 잘 아는 사람은 기업의 리더이다.

그러니 만들기 어려운 로드맵은 리더가 직접 만들 수밖에 없다. 다만 도움은 받을 수는 있다. 전문가들의 도움을 받으면 어떻게 만들지 방법을 알려 준다.

이렇게 해서 만든 로드맵은 안타깝게도 평생 쓸 수 있는 것이 아니라 삼 년을 못 넘긴다. 어떤 성공한 전략도 그리 오래가지 못해서 경쟁자들이 모방하거나 환경이 변해서 효과가 떨어진다.

최소한 3년 주기로 로드맵을 수정하면서 업그레이드해야 한다. 10년 간 유효한 최종 목표를 정해두고 로드맵은 매년 업데이트해서 3년 주기로 전략적 방향을 정해야 한다.

모든 사업의 출발은 한 사람의 창업자이다. 일본의 손정의도 혼자서 평생 사업을 구상했다고 한다. 그리고 구체적으로 진행을 하면서 업데이트했다. 이때 멀리 보고 가야 방향을 제대로 잡는다. 가까이에 있는 것만 보면 전체를 볼 수가 없다. 미래를 보는 사람이 목적지에 제대로 찾아갈 수 있다.

商道錄 081
언론이 떠드는 말을 다 믿지 마라

언론에서 미래 산업이라고 소개하는 산업에 의문을 가질 필요가 있다. 미래 산업이 제대로 효과를 발휘하기 위해서는 그 전제가 되는 기술이 중요하다. 터닝 포인트가 될 기술이 개발되어 있는가, 없는가에 성패가 달려 있다. 그리고 확립된 기술이 소비자의 욕구와 매칭이 될 때 산업화가 급속히 이루어진다. 즉 산업은 기술과 수요의 두 가지 기반이 확립되어야 낙관적인 미래를 예측할 수 있는 것이다.

이를 생각하지 않고 막연히 전망 좋은 산업이 있다고 투자하거나 뛰어들면 안 된다. 오히려 전망이 좋다고 판단되면 주변 기술이나 산업을 통해서 변동을 확인하고 언제든 그 산업의 터닝 포인트가 되는 지점에서 투자할 수 있도록 준비하는 것이 더 현명하다.

사업은 타이밍이 중요하고 미래 산업도 마찬가지이다. 그 타이밍의 판단은 리더의 몫이다. 주어진 현실을 리더가 먼저 판단해야 타이밍에 맞출 수 있다. 산업의 확장 초기 시점에 진입하려면 기반 기술을 확보하는 개발 투자가 먼저다. 그리고 산업의 성장 시점에서는 코스트 경쟁이 핵심이기에 규모를 키우는 투자가 핵심이다. 즉 진입 타이밍에 따라서 그 사업 전략이 달라지는 것이다.

  이 두 가지에 자신이 없으면 아무리 미래가 밝은 산업이라고 해도 진입하면 안 된다. 진입하는 순간 무덤이 될 수 있다. 언론이 주목하는 산업보다는 먼저 주어진 환경에 맞는 산업이 우선이다.

  다만 그 산업의 전망이 쇠퇴기에 들어서 있다면 분명 새로운 산업으로의 전환이 필요하다. 그때는 사활을 걸고 미래 산업을 찾아야 한다. 언론의 보도가 아닌 자신의 주어진 환경에 맞게 찾아야 한다.

商道錄 082
원칙을 깨는 것이 곧 혁신이다

 시장과 산업의 판을 바꾸면서 탄생하는 혁신 기업은 공통점이 있다. 바로 산업 내의 경쟁 원칙을 바꾼 기업들이다. 이들 기업은 기존의 방식대로 경쟁하지 않는다. 원칙을 점진적으로 개선해 가면서 경쟁하면 당연히 규모의 경제에 밀릴 수밖에 없다.

 생산, 개발, 유통, 마케팅의 각 부분에서 경쟁의 원칙에 위배 되지만 혁신적인 방식으로 경쟁의 룰을 바꾸는 기업이 성공한다. '설마 저렇게 할까' 하고 상상도 하지 못하는 것을 확실히 실행해야 하는 것이다.

 그 시작은 생산, 개발, 유통, 마케팅의 기존 원칙을 정확하게 분석하고 그것을 깰 수 있는 방안이 무엇인지 고민하는 데 있다. 모든 것에 다 적용할 필요는 없고 가장 자신 있는 분야를 선정하면 된다.

 생산은 결국 품질과 가격이다. 개발은 디자인과 성능이며 유통은 유통시간과 채널이다. 마케팅은 브랜드와 프로모션이다. 이중에 가장 잘할 수 있는 분야를 정하고 그 중에서 기존의 방식과 전혀 다른 경쟁 방식을 도입하는 것이다. 즉 게임의 법칙을 바꾸면 된다.

그렇게 등장을 해서 치고 나가면 업계에서 반발이 들어올 수 있다. 그래도 밀고 나가야 경쟁력이 생긴다. 현대 사회는 경쟁력은 국내에만 존재하는 게 아니라 해외시장에도 존재한다. 의류 브랜드 유니클로는 의류 산업의 경쟁 원칙을 바꿨다. 새로운 원칙을 일본에서만 파는 게 아니라 세계적으로 팔고 있다.

한번 성공하기 시작한 원칙은 카피하기 쉽기 때문에 2~3년마다 끊임없이 분야를 나누어서 경쟁원칙을 바꾸어야 한다. 그래야 혁신 기업으로서 꾸준히 살아남는다.

사업모델

商道錄 083
개념의 혁신이 곧 미래 경영이다

미래경영은 개념싸움이다. 누군가 기존의 개념을 뒤집는 혁신적인 개념을 등장시키면 그 개념으로 인해서 사업의 방향이 바뀌고 산업의 경쟁 포인트도 바뀐다. 기존의 비즈니스 개념은 두 가지가 핵심이다.

첫째가 가격 경쟁력이었고 둘째는 신속한 납기가 핵심이었다. 이 두 가지는 바로 효율이라는 개념의 두 축이며 이를 효율의 척도로 사용해왔다. 이 두 가지를 기본으로 효율적으로 경쟁력을 가지는 기업이 경쟁에서 유리했다. 하지만 미래 경영의 기준은 전혀 새로운 개념일 것이다.

그것이 무엇인지는 산업마다 다르다. 하나의 예를 들자면 페이스북을 꼽을 수 있다. 페이스북의 경쟁력은 가격도 아니고 납기도 아니다. 가격은 없고 납기는 실시간이다. 그런데도 비즈니스가 엄청난 가치를 인정받았다. 기존의 효율로만 이루어진 개념으로는 설명할 수 없다. 물론 혁신적인 개념을 만들었다고 해서 모든 것이 해결되지는 않는다.

하지만 개념이 바뀌면 프로세스가 달라지고 달라진 프로세스는 목표하는 방향도 달라지며 목표가 달라지면 필요한 자원, 즉 인적 자원과 물적 자원도 달라진다.

그래서 혁신적인 개념이 등장을 하면 사업의 모든 방향이 바뀐다. 그리고 그 바뀐 방향에 따라서 전략도 바뀐다. 미래 경영은 먼저 개념의 혁신으로부터 출발한다. 기존의 개념을 뛰어넘을 수 있는 개념을 전략화하면 새로운 사업을 시작할 수 있다.

효율에서 기회로

사업상의 핵심 과제는 효율보다 기회에 있다. 효율은 기회를 잡고 난 이후의 문제이다. 하지만 기회가 없는 상황에서 효율을 이야기하면 안 된다. 현재 하고 있는 사업의 전망이 불투명하면 효율을 높이고자 노력하는 것보다 기회를 적극적으로 찾는 편이 미래를 위해서는 더 효과적이다.

수없이 많은 기회가 있을 수 있지만 그 기회를 잡는 사람은 몇 명 되지 않는다. 이유는 기회를 기회 중심으로 보지 않고 효율 중심으로 보기 때문이다. 효율적으로 사업을 운영하기 하면 항상 기회는 생길 것이라고 착각하는 것이다.

현대 사회는 변화가 너무나도 빠르다. 그 빠른 시장의 변화 속에서 효율만을 생각하고 있으면 기회는 보이지 않는다. 시장 기회를 먼저 생각하고 효율은 그 다음이다. 그래야 빠른 시장의 변화에서 기회를 확인하고 잡을 수가 있다.

시장의 기회를 잡는 방법으로는 세 가지가 있다. 첫째는 소비자 트렌드 변화를 읽어 내는 것이고 둘째는 기술의 변화를 읽어 내는 것이며 셋째는 경쟁구도가 바뀌거나 산업구조 변화를 읽는 방법이다.

  이 세 가지의 경우, 사업의 성격에 따라서 중요성이 달라진다. 하지만 사업가가 세 가지의 변화를 읽어 내면 시장 기회를 잡을 수 있다. 따라서 사업가는 항상 변화를 읽어 내는 감각을 길러야 한다.

085
비즈니스 모델을 가지려면

　최근 미국의 비즈니스업계에서 창업할 때 가장 중요하게 보는 것이 비즈니스 모델이다. 전문 교육과정이 있을 정도로 중요하다. 미국에서는 비즈니스 모델이 명확하지 않으면 투자를 받을 수 없고 사업을 시작해도 오래 가지 못한다는 게 정설이다.

　비즈니스 모델이란 한 문장으로 표현하면 '어떤 고객에게 어떤 솔루션을 제안할 것인가?'이다. 이 문장에서 가장 중요한 세 가지 요소가 있다. 그것은 고객, 문제점, 제품이나 서비스이다.

　이들의 조합이 정확히 맞아 떨어질 때 그 비즈니스 모델은 가치가 있다. 세 가지의 조합이 어느 누가 보더라도 타당하면 그것은 비즈니스 모델로 발전시켜도 된다. 그런데 어느 하나라도 분명하지 못하면 결국 그 모델에서 무엇인가 허점이 드러난다.

　사실 많은 사람들은 이들 중에 한 가지 정도만 가지고 사업을 시작한다. 고객이나 솔루션 즉, 제품이나 서비스만 있으면 사업을 할 수 있다고 본다.

그런데 더 중요한 것은 어떤 문제를 해결하려고 하는가 하는 것이다. 해결해야 할 과제가 제일 중요하다. 그 과제가 무엇인지를 먼저 알아야 하고 그 과제를 해결하면 어떤 효과를 보일지 명확해야 한다. 거기서 고객을 생각하고 고객이 결정되면 제품이나 서비스를 결정하면 된다.

비즈니스 모델은 손에 쥐고 있는 무엇을 가지고 판단하는 것이 아니라 해결과제가 무엇인지를 명확히 하면서 시작된다. 출발점이 일반적으로 사업을 시작하는 경우와 다르다. 일반적으로는 사업은 이 과정 없이 시작되고 그렇게 사업을 하다 보면 분명 문제가 생긴다. 과제가 분명하지 않고 시기마다 변하면 명확하게 고객과 솔루션을 최적화시킬 수 없다.

지금이라도 늦지 않았다. 지금 하고 있는 사업에 어떤 비즈니스 모델을 적용하면 되는지 명확하게 알아야 한다.

4

조직설계:
어떤 조직을 이룰 것인가?

086
조직은 리더가 만든다

／

장기판에는 왕만 있는 것이 아니다. 졸도 있고 포도 있고 마도 있다. 마찬가지로 조직이나 사업에는 각각의 역할이 있다. 그런데 사람들은 자신이 해야 할 역할보다 하고 싶어 하는 역할에 초점을 맞추는 경우가 있다. 그게 현재의 일을 망칠 수 있기에 조심해야 한다.

지도자는 조직원이 자신의 역할을 정확히 인지하도록 해야 한다. 또 하고 싶은 역할을 제대로 할 수 있도록 역량을 기르게 만드는 것도 리더가 할 일이다. 조직이 어떤 방향으로 나갈 수 있도록 만드는가는 전적으로 리더의 역할에 달려 있다.

조직이 제대로 움직이지 않는다면 그것은 리더의 잘못이지, 조직원의 잘못이 아니다. 좋은 조직은 그냥 만들어지는 것이 아니다. 좋은 나무처럼 볕을 쬐게 하고 물을 주고 거름도 주어야 조직이 제대로 성장한다.

조직설계

087
아이에게 운전을 맡기면?

아무리 똑똑한 아이라도 운전을 맡겨서는 안 된다. 혹시나 발생할지 모르는 사고에 책임을 져야 하기 때문이다. 이와 마찬가지로 아무리 똑똑한 부하 직원이라 하더라도 최소한의 검증 과정을 거치고 난 후에 비즈니스를 맡겨야 한다.

부하 직원을 무시하거나 과소평가하라는 말이 아니다. 단지 숙련되어 자연스럽게 비즈니스를 운영해 나갈 수 있을 때까지 기다려야 한다. 그리고 때가 되었을 때는 업무를 넘겨 주어야 한다.

그런데 아무리 유능한 직원도 업무를 맡자마자 완벽할 수는 없다. 조금은 서툴더라도 업무를 충분히 감당할 수 있을 정도가 될 때까지 다시 한 번 기다려라. 사실 가장 힘든 일 중에 하나가 부하 직원에게 권한을 위임해서 일이 되도록 하는 것이다.

경영자가 모든 일을 다 하는 회사는 실패하기 쉽다. 회사의 성장은 일의 위임을 어떻게 처리하는가에 따라서 크게 달라진다. 사람을 쓰는 데에도 시기가 있다. 너무 빨라도 안 되고 너무 늦어도 안 된다. 최적의 순간을 기다리고 그 기회를 잡아서 실현시키는 것이 사업의 묘수이다.

088 십인십색

같은 조직에서 일해도 사람은 저마다 개성이 다 다르다. 조직의 강한 규율 때문에 생각과 행동이 비슷해질 수 있지만 그러기까지 시간이 오래 걸린다. 또 통일이 되었다고 하더라도 변화에는 적응하기 어렵다.

변화에 적응하는 사고와 행동의 통일이 조직이 생존하는 필수 조건이지만 그렇게 쉽게 만들어지는 것이 아니다. 따라서 항상 자신의 기대치보다 낮게 조직원들을 평가해야 한다. 기대치를 높게 잡았다가 결과가 기대에 미치지 못할 경우, 리더가 발생되는 손실을 책임져야 한다.

조직 운영은 최고를 기준으로 하는 것이 아니라 최저를 기준으로 해야 한다. 그래야 리스크를 방지할 수 있다. 따라서 기대 수준이 최저인 조직원을 먼저 발전시키는 데 집중하는 것이 사업가의 기본 의무이다.

089
충분히 시험하고 믿어라

/

좋은 친구를 많이 두라는 것은 누구나 하는 이야기이다. 하지만 그 친구가 좋은 친구인지 아니면 최후의 순간에 돌아설 친구인지는 쉽게 알 수 없다. 그래서 사람을 시험해보고 믿을 만 한지 끊임없이 확인해 두는 것이 좋다.

무턱대고 믿었던 사람이 돌아서는 경우, 친구도 잃고 사업도 망할 수 있다. 어려움이 닥치기 전에 주변인을 시험하라. 내가 주변 사람들에게 기대한 만큼 도움을 받을 수 없다는 사실이 확인되면 그런 위험을 회피하게 된다.

그런데 든든한 친구가 있다고 느끼면 방심하기가 쉽다. 사업에서는 가장 무서운 것이 '설마'이다. 저 친구가 설마 나에게 그런 짓을 할 수 있을까? 저 직원이 설마 내게 그럴 수가 있을까? 그 거래처가 설마 우리에게 그럴 수 있을까 하고 생각하는데 '설마' 하는 방심이 사업을 긴 나락으로 빠지게 한다.

사업은 혼자서는 못하는 것이지만 동시에 자신만 믿고 가야 하는 것이기도 하다. 그래서 사업가가 가장 외로운 직업이다.

조직설계

商道錄
090

누구에게나 한 가지 재주는 있다

／

어떤 사람이든 잘하는 재주를 가지고 있다. 그 재주가 남들이 알아주지 않는 것이든, 그다지 필요한 것이 아니든 간에 누구에게나 재주 하나쯤은 있다. 그런 사람들을 만나서 재주를 보고 관계를 맺거나 거래를 할 때 고려해야 하는 점이 있다.

어떤 부분에서 단점이 있는지, 비용을 들여야 하는지를 고민해야 한다. 분명 그 사람의 재주가 가치가 있는 것이라고 하더라도 초기비용이나 유지비용이 많이 든다면 지속하기 어렵다. 항상 재주에 비해서 투자 대비 효과가 무엇인지 고려하라.

때로는 적은 비용으로 작지만 쓸모 있는 재주를 가지고 있는 사람도 있고 꼭 필요한 재주지만 비용이 많이 드는 사람도 있다. 그럴 경우에는 서로의 관계 정립이 중요하다. 밥 한 끼로 맺을 수 있는 관계도 있고 일정 고정비용을 들여야 맺을 수 있는 관계도 있고 때에 따라서는 노력 봉사를 통해서 관계를 맺을 수도 있다.

　다양한 관계 맺기를 통해서 여러 가지 재주 있는 사람들을 관계를 맺어 두는 것이 사업의 자산이다. 관계가 어느 정도 두터운가에 따라서 사업의 기회도 규모도 결정된다. 이런 관계가 기회도 만들고 인연도 만든다.

商道錄 091
반드시 이인자가 있어야 한다

／

혼자서 모든 것을 이룰 수는 없다. 이인자와 힘을 합쳐서 노력하면 혼자 노력하는 것의 4배, 10배의 효과를 볼 수 있다. 이인자는 우리의 부족한 면을 채워주고 평생 함께 일할 수 있는 동지인 것이다.

만일, 나에게 아직 이인자가 없다면 그런 사람이 나타날 때까지 사업을 확장하지 않는 것이 좋다. 위험은 자신이 영향력을 미치지 못하는 곳에서 발생한 위험이 가장 위험하다. 그 부분을 채워주는 사람을 기다려야 한다.

사업의 기본 철학이 기다림이며 이는 사람을 기다리는 것이다. 드디어 이런 사람을 찾았다면 자신의 모든 것을 줄 수 있어야 한다. 평생 갈 동반자는 서로의 약점을 제대로 알고 있어야 하고 어떻게 보완할 수 있는지도 알아야 한다.

092
오픈 마인드가 인재를 모은다

인재가 모이는 이유는 두 가지이다. 하나는 대우가 좋아서이고 또 하나는 리더가 믿을 수 있어서이다. 대우는 수익이 많이 나는 기업이라면 충족시키기 쉽다. 그런데 사업이 초기이거나 어려운 상황이라면 충족시키기 어렵다.

믿을 수 있는 리더는 돈과 상관없다. 좋은 리더는 인재를 제대로 대우를 해주는 사람이다. 그런 믿음이 있으면 좋은 리더라고 생각해서 함께 일하려고 한다. 또는 같이 일하면서 함께 성장할 수 있을 것으로 보여도 좋다.

리더가 해야 할 일은 좋은 인재가 일할 수 있게 만드는 것이다. 사실 대우보다도 더 중요한 것이 사업가의 태도나 마음이다. 이것이 갖춰지지 않으면 인재들은 모이지 않는다. 인재를 모으는 가장 효과적인 방법은 바로 오픈 마인드이다.

열린 마음에는 돈이 들지 않는다. 다만 자신에 대해서 공부하고 수양해야 한다. 그래서 사업을 성공하는 길은 자신을 갈고 닦는 수행과도 같다.

조직설계

093
직원의 잘못을 들추지 마라

경영자에게 직원은 손님이다. 가족 같은 직원이라는 말은 사실이 아니다. 직원이 가족인 경우는 월급을 제때 줄 수 있고 일에 성과가 났을 때뿐이다. 월급이 미뤄지고 회사가 힘들어지면 직원은 가족이 아니라 먼 친척으로 변한다. 일이 잘 되는지, 잘 안 되는지 그저 두 손 놓고 지켜볼 뿐이다.

그러므로 직원이 손님이라 생각해야 리더의 마음이 편하다. 이렇게 생각하면 직원 앞에서 조심도 하고 잘못 될 때를 대비하기도 한다.

직원이 잘못을 했을 때도 손님 대하듯 하라. 손님이 마음에 안 들면 상품을 안 팔듯이 직원이 마음에 안 들면 그냥 내보내면 된다. 붙들고 고치려고 하지 마라. 그럴수록 힘만 든다.

뿐만 아니라 조직력에도 악영향을 끼친다. 직원이 잘못을 고치려는 마음이 없는데 지적을 해가면서 고치려고 하면 팀워크에 금이 간다. 그보다는 직원이 잘못을 할 것이라 예상하고 준비하는 게 더 현명하다. 진정 진심을 다하는 직원이라면 그 직원은 단순히 월급 받는 직원이 아니라 파트너로 봐야 한다.

 직원도 가려서 신중히 대해야 한다. 리더가 직원을 신중히 대해야 하는 것은 월급 때문이 아니라, 직원이 사업의 미래이기 때문이다. 조직이 깨어지는 것은 리더의 처신 때문이라는 것을 항상 기억해야 한다.

조직설계

094
거래처는 되도록 주변에 두라

/

일을 효율적으로 하는 방법 중에 하나가 거래처를 주변에 두는 것이다. 은행, 세무서, 법률 사무소, 외주 업체, 납품 업체 등등 다양한 사람들이 함께 일할 수 있는 지역에서 일을 하면 경제적이다. 이동 거리를 단축해서 시간을 벌 수 있어서 좋다.

그런데 사업을 하다 보면 이런 사실을 간과하기 쉽다. 멀리 있는 사람인데 친하다고 관계를 맺고, 특정 지역이 좋아서 자주 가고 싶다는 이유로 그곳을 거래처로 정한다. 이렇게 하면 알게 모르게 시간과 돈을 낭비하게 된다.

사업 초기에 이런 부분에 대한 관계 설정을 잘해야 한다. 사소한 것이라도 효율적인 부분을 중심으로 설계하는 치밀함이 필요하다. 이 모든 것은 손실과의 싸움으로 연결된다.

사업을 하다 보면 알게 모르게 새는 돈이 많다. 시간이 지나고 보면 운영에 드는 경비가 운영 효율성의 지표가 된다. 처음부터 제로베이스로 사고하는 것이 중요하다.

095
사람을 알려면 눈을 보라

사업은 사람과 함께 하는 것이고 사람을 통해서 하는 것이다. 사람을 어떻게 판단하는가에 따라서 기업의 미래도 달라진다. 그래서 직원을 뽑거나 동업자들과 협력하기 위해서는 먼저 사람을 찾아내는 능력이 있어야 한다.

그리고 한 사람을 어떻게 판단할 것인가 하는 것이 관건이다. 만약에 함께 살아 온 사람이라면 어느 정도 판단을 할 수 있다. 하지만 사업상 만나는 사람들은 일회적으로 만나거나 몇 번을 만나더라도 사업적인 관계라서 파악을 하기 쉽지 않다. 결국 무엇인가 명확히 판단할 수 있는 방법이 필요하다.

일본 사람들은 새로운 사람과 만날 때 보증인을 본다. 보증인의 의사가 명확하면 크게 의심을 하지 않는다. 하지만 한국의 경우는 다르다. 누군가 보증을 하더라도 크게 신뢰하지 않는다. 믿을 수 있는 것은 공식적인 문서나 직접 만나서 판단하는 방법밖에 없는데 사실 문서도 명확한 기준이 되지 못한다. 결국은 만나 봐야 안다.

사람을 만났을 때는 그 사람의 태도를 보라. 음식은 무엇을 어떻게 먹는지, 걸음걸이는 어떤지, 대화하는 방식이 어떤지, 주로 사용하는 단어가 무엇인지, 사회 인식 정도는 어떤지 등등 고려해야 할 것이 너무 많다. 직접적인 훈련을 통해서 경험을 쌓아야 한다.

딱 한 가지, 검증된 판단근거 중에 하나가 사람의 눈이다. 사람은 거짓을 말할 때 눈이 변한다고 한다. 눈이 마음의 창이기 때문에 눈을 보면 그 사람의 마음을 알 수 있다. 어떤 사람을 판단하려면 눈을 보라. 그러면 판단하는 능력이 생길 것이다.

096
능력치를 알고 써라

일을 제대로 하려면 사람이 필요하다. 사람을 쓰기에 앞서서 먼저, 이 일이 무슨 일인지 정확히 파악하는 단계가 필요하다.

사업의 단계마다 필요한 능력이 다 다르다. 그런 다른 부분들이 무엇인지 명확하지 않은데 사람을 함부로 쓰면 안 된다. 이때 경륜이 필요하다. 경륜이란 여러 번의 반복을 통해서 일의 단계별로 필요한 사람이 누구인지를 아는 능력이다.

일이 정리되고 나면 그 다음에 사람을 써야 한다. 그런데 그 사람이 능력이 있는 사람인지 파악하기란 정말 힘들다. 이력서만 봐도 안 되고 과거의 행적을 조사해도 안 되고 추천한 사람의 말만 신뢰해도 안 된다. 그때는 사람을 직접 판단해야 한다. 그러기 위해서는 먼저 사람 보는 눈을 길러야 한다.

사람을 보는 눈에는 여러 가지가 있다. 고객을 보는 눈도 있고, 경쟁자를 보는 눈도 있고, 파트너를 보는 눈도 있고, 이

조직설계

해관계자들을 보는 눈도 있다. 직원을 보는 눈에는 다른 기준이 필요하다. 바로 사람을 직무와 결합시켜서 봐야 한다. 그렇게 해서 좋은 직원이 들어오면 그 사람을 파트너로 볼 것인지, 말 것인지는 그 다음에 결정하면 된다.

  가장 먼저 직무를 보는 눈이 있어야 직원을 직무와 결부시켜 볼 수 있는 눈이 생긴다. 리더가 직원을 바로 보는 눈이 없으면 사업이 힘들어진다. 일만 봐도 안 되고 인성만 봐도 안 된다. 그 사이에서 균형을 찾아야 한다.

商道錄
097
갈수록 파트너는 중요하다

파트너가 중요하다는 사실은 누구나 알지만 좋은 파트너를 찾아내는 것은 쉽지 않다. 파트너에는 세 가지 종류가 있다. 첫째는 회사 내 파트너이다. 지분을 공동으로 가지고 있거나 경영에 참여하거나 하는 사람을 말한다. 파트너로는 가장 중요한 사람이다.

둘째는 사외에 있지만 나와 협력하는 파트너이다. 동일한 사업을 위해서 독립적이지만 연대해서 비즈니스를 진행하는 사람이다.

셋째는 거래처이다. 서로의 이익을 위해서 진행하는 갑과 을의 관계일지라도 이들도 파트너는 파트너이다. 이 세 가지의 파트너를 그 역할과 중요도에 따라서 잘 찾아내고 장기적으로 함께 일하도록 만드는 것이 중요하다.

파트너를 찾아 낼 때 주의해야 할 점이 있다. 특히 사내 파트너를 선정할 때의 경우에는 세 가지 정도의 조건을 충족하는 사람을 찾는 것이 좋다.

첫째는 상호 시너지가 일어나야 한다. 즉 결합하면 더 강한 힘을 발휘할 수 있는 그런 파트너가 좋다. 기술자와 마케팅 전문가가 결합하는 경우나 영업 전문가가 재무 전문가와 함께 결합하는 경우 등 자신의 전문 영역과 겹치지 않는 사람이 사내 파트너로 적합하다.

둘째로는 결이 비슷한 사람끼리 결합하는 것이 좋다. 문화가 비슷한 사람이라도 좋다. 결이 같으면 사소한 것 때문에 충돌하지 않는다. 서로 결이 다르면 항상 서로에 대해서 신경을 써야 한다. 시너지가 나긴 하는데 결이 다르다면 결합하지 않는 것이 좋다. 이런 사람은 오히려 사외 파트너로 두는 것도 괜찮다. 사업의 목적만 생각하고 결합해도 이런 관계는 오래가지 못한다.

셋째로는 헌신적인지를 따져봐야 한다. 개인적으로 능력이 굉장히 뛰어나도 공동의 이익보다 자신의 이익을 위해서만 일하는 사람들과는 오랫동안 함께 할 수 없다. 결국 서로의 이익을 지키려고 깨지고 만다.

좋은 파트너는 그냥 찾아오지 않는다. 다양한 검증의 과정과 노력, 그리고 경험이 쌓여야 세 가지 조건이 사람을 찾을 수 있다. 정말로 파트너가 명확해지기 전까지는 가능하면 사업을 급속히 확장하기보다 천천히 확장하면서 좋은 파트너를 물색해야 한다.

직원을 편애하지 마라

직원은 크게 믿을 수 있는 직원과 없는 직원으로 구분이 된다. 리더의 입장에서는 믿을 수 있는 직원이 일을 잘 할 것이라고 생각해서 충분히 밀어주고 싶다. 또 중요한 일일수록 믿는 직원에게 맡기려고 한다.

그런데 현실은 믿는 직원이 사고를 친다. 겉으로는 문제없이 일을 잘하고 신뢰할 만한 것 같은데 문제는 겉으로만 그러는 경우가 많다. 어떤 직원들은 리더가 자신을 믿고 있다는 사실을 이용한다. 겉 다르고 속 다르다고 할까?

대신 리더가 믿지 않는 직원은 혹시나 하는 생각에 항상 조심을 한다. 그러다 보니 사소한 일에서도 잘못된 것을 찾아낸다. 믿는 직원일수록 엄하게 다루어서 실수를 줄이게끔 해야 한다.

결론은, 조직을 생각하는 리더라면 직원을 편애하지 마라. 믿는 직원이든 믿지 않는 직원이든 동일하게 대하라. 그래야 조직이 튼튼해진다. 믿음이란 특혜가 아니다. 리더와 조직원이 함께 만들어가는 비전이 곧 믿음이다.

099
조직관리의 핵심

조직관리의 핵심은 사람을 적재적소에 쓰는 것이다. 하지만 어떤 일이든 그 일에 꼭 맞는 사람을 찾기란 어렵다. 하지만 리더는 어려운 일도 되게 해야 한다. 조직이 완전히 갖추어졌다고 가정해보자. 일할 사람을 찾는 것이 그리 어렵지 않다. 하지만 초기에 작은 조직은 적재적소에 인재를 구축하는 게 말처럼 쉽지 않다.

이럴 때 쓸 수 있는 방법은 인재를 기르는 것밖에 없다. 그러기 위해서는 그 일이 무엇이며 어떻게 분화되어 나갈 것이며 어떤 기능이나 기술이 필요한지 정확한 업무 매뉴얼과 훈련 프로그램이 정리돼야 한다. 업무를 모르면 직원을 키울 수 없다.

리더가 아는 만큼 조직을 관리할 수 있다. 모르고 있으면 결국 그 부분이 구멍이 되고 그 구멍이 커지면 사업이 망하거나 어려워진다. 리더는 그래서 다양한 공부를 해야 하고 회사 내의 업무를 정확히 구별하고 계획도 세워야 한다.

윈윈(win-win)하는 교육법

조직원을 교육시킬 때는 그 조직원의 특성에 맞는 교육을 해야 한다. 자신이 배워서 좋았던 것, 또는 이미 써본 교육법을 그대로 적용하는 것은 답이 아니다. 조직원의 개별특성을 제대로 파악한 후, 개인별로 맞게 교육하고 일을 배분해야 한다.

환경과 교육도 중요하지만 정말로 중요한 것은 바로 그 직원에게 개인적으로 가장 정확한 삶의 지표를 심어 주는 것이다. 이것이 평생 살아가는 중요한 가치 판단의 기준이요, 행동의 기준이 된다. 또한 그것이 회사와 함께 한다면 더할 나위가 없을 것이다.

사람마다 받아들이는 방법도 좋아하는 것도 정말 좋은 결과를 만들어 내는 영역도 다르다. 그런데 리더는 자신이 성공한 방법이 모든 직원에게 적용될 수 있다고 착각한다. 이런 착각이 끊임없이 조직원들을 시험에 들게 한다. 이런 방식으로는 직원들이 제대로 성장할 수 없다.

인재가 없는 것이 아니다

기업의 리더들은 인재 타령을 많이 한다. 다른 회사에서 좋은 성과를 내는 인재를 보면 왜 우리 회사에는 그런 인재가 없는지, 주변 사람들에게 푸념을 늘어놓는다. 하지만 사실은 인재가 없는 것이 아니라 인재를 보는 눈이 없고 인재를 기르는 능력이 없고 인재를 써야 할 곳에 쓰지 못하는 것이다.

직원을 뽑을 때부터 잘 뽑아야 하는데 리더가 보는 눈이 없으면 당연히 채용에서부터 문제가 생긴다. 채용에 실패하면 오히려 그 자리에 와서 실력을 발휘할 인재를 뽑지도 못하고 그 직원이 나갈 때까지 어쩌지도 못한다. 어느 정도 실력이 있는 직원을 뽑아놔도 조직 내에서 스스로 성장하기는 어렵고 무슨 일에 적합한지 판단하기 어렵다. 그런 직원들을 제대로 교육하고 적재적소에 일할 수 있도록 만드는 것이 리더가 할 일이다.

직원을 보는 눈과 직원을 성장시킬 수 있는 능력 역시 리더가 갖추어야 할 덕목이다. 그도 그럴 것이 리더가 성장한 만큼 직원도 성장한다.

  가끔 성장하기보다 자기 분야에서 두각을 드러내는 직원도 있다. 이런 사람이 다른 조직에 있다면 영입을 할 수도 있을 것이다. 하지만 이런 직원은 오래 못 간다. 조직 내에서 길러진 직원이 오래 가고 조직에 기여도도 높다. 준비된 인재란 없다. 준비된 리더가 인재를 만들 뿐이다.

商道錄 102
예스(Yes)맨을 조심하라

지시를 잘 따르는 부하 직원은 든든하다. 리더는 이런 사람을 믿기 마련이다. 그런데 왜 그 직원은 리더의 말마다 '예스(Yes)'라고 대답하는 걸까? 어떤 주문을 해도 좋다고 하는 사람이라면 두 가지 이유가 있다. 그냥 앞에서만 좋다고 말하고 실행은 하지 않든지, 아니면 좋다고 말해야 신임을 얻을 수 있다고 보고 '예스'를 남발하는 것일 수도 있다.

흔히 '예스'라고 하는 사람은 두 가지 부류로 나뉜다. 자기를 위해서 순종하는 사람이 있고 조직을 위해서 순종하는 사람이 있다. 그런데 조직을 위하는 사람은 때론 '노(No)'라고도 할 수 있지만 자신을 위하는 사람은 조직을 위해서 아니라고 할 수 없다.

또 '노'라고 말하는 사람도 두 가지 부류이다. 자신의 이익만을 위해서 아니라고 대답하는 경우가 있고 조직의 장기적인 발전을 위해서 아니라고 말하는 경우가 있다. 종합하면 '예스'나 '노'나 그 사람이 조직에 도움만 되는 사람은 아니라는 것이다.

조직의 성장과 발전을 위해서 '예스'와 '노'를 말할 줄 알아야 좋은 부하 직원이다. 리더의 말만 따르는 부하 직원은 오히려 나중에는 더 큰 문제를 야기할 수 있다. 리더에게 문제가 생기면 가장 먼저 돌아서는 직원이 오히려 예스맨들이다.

그러니 예스맨을 충성스런 직원으로 오해해서는 안 된다. 리더에게만 충성하는 직원은 좋은 직원이 아니다. 자신의 이익을 위해서 즉, 리더의 신임을 받기 위해서 그런다는 사실도 항상 기억해야 한다.

商道錄 103
평범한 사람이 더 좋다

중소기업의 리더에게는 전반적으로 똑똑한 사람보다 특정 분야에서 전문성을 가지고 있는 사람이 좋다. 전반적으로 똑똑하다는 말은 구체적인 영역에서는 수준이 낮을 수 있다. 하지만 특정 분야에 전문성을 가진 사람은 전문 분야에 있어서 수준 높은 기량을 발휘한다.

이런 전문성을 가진 사람들로 전반적인 업무를 감당하기 위해서는 분야를 나누어서 일을 맡겨야 한다. 즉 조직설계를 어떻게 하는가가 매우 중요하다.

조직설계란 조직 내의 업무 부서의 역할과 권한, 해야 할 일을 정의하고 실행할 지침을 만들어 내는 것이다. 조직이 분화되지 않았을 때는 조직설계가 필요 없다. 그때는 평균적으로 열심히 일할 수 있는 똑똑한 사람이 들어오는 것이 최선이다. 직원 수가 대략 세 명까지 될 때는 문제가 없다. 하지만 그 이상이 될 때는 조직설계가 되어 있어야 좋은 직원을 받아들일 수 있고 효율성도 생긴다.

리더는 필요한 사람이 누구이고, 어떤 역할을, 어느 정도까지 해내는 사람들이 필요한지 알아야 한다. 조직설계를 하지 않고 전문성을 갖춘 사람을 받아들이면 안 된다. 리더가 조직설계를 제대로 할 수 있다는 것은 그만큼 조직과 회사의 일에 정확히 알고 있다는 뜻이다. 모른다고 생각되면 가장 먼저 이 능력을 배우고 익혀야 한다.

商道錄 104
신중하게 소개하고 소개 받아라

/

 소개는 그 사람에 대한 믿음과 나에 대한 믿음의 결합이다. 만일 일이 잘못될 경우, 내가 소개한 사람에 대해서도, 나를 믿고 소개받은 사람에 대해서도 믿음이 깨진다. 소개를 잘못하면 이중으로 믿음을 깨질 수 있기 때문에 조심하고 조심해야 한다. 사람과의 관계 중 가장 힘든 것이 내가 믿는 것을 타인도 믿게 하는 것이며 이것을 잘못하면 모든 원망을 듣게 된다.

 소개를 받아서 일을 할 때 항상 붙이는 말이 '당신을 믿기 때문에 그 사람과 일하는 것입니다'이다. 소개해준 그 사람을 믿기보다는 나에 대한 믿음이므로, 결국은 나 때문에 그 사람과 일하는 것이다. 그러므로 두 사람을 연결 시켜줄 때 나의 책임이 어디까지인지 분명히 알고 해야 한다. 그렇지 않으면 양쪽에서 원망을 듣는다.

 그리고 어떤 사람에 대해서 너무 확신하면 관계에 문제가 생길 수밖에 없다. 소개를 시키거나 받는 경우 소개의 목적과 문제점, 그리고 향후 일어날 수 있는 가능성까지 고려해야 한다. 좋은 게 좋다고 생각하면 결국 자신에 대한 타인의 믿음을 갉아 먹게 된다.

  사람관계는 좋게 끝나지 않는다는 사실을 항상 기억하는 게 좋다. 하지만 그렇다고 무조건 안 된다고 생각하면 오히려 장애를 만들 수 있으니 어떤 결합이 좋을지 반드시 확인해야 한다.

  필요하다면 사주나 관상, 별자리까지도 맞춰 보는 것이 좋다. 즉 개별적인 성격이나 특징을 다양한 방법으로 확인하고 나서 맞는 사람을 소개하라. 사람 소개의 핵심은 능력이 아니라 궁합이다.

가족은 중요한 인력이다

　가족은 초기 창업에서 가장 중요한 인력이며 가족과 함께 창업 초기를 보내는 것이 유리하다. 왜냐하면 창업 초기의 어려움을 가족과 함께 극복할 수 있기 때문이다. 또 최소의 비용으로 사업을 꾸려나갈 수 있다. 직원이 외부인일 경우 어려움이 닥치면 쉽게 떠나고 이것은 결국 그 동안 쌓아 놓은 정보나 경험을 놓치는 결과를 초래한다.

　이렇게 장점이 많지만 가족이 끼어듦으로써 문제도 많이 발생한다. 그중에서도 창업 초기에 생기는 많은 스트레스를 가족에게 전가하는 것이 제일 큰 문제이다. 그렇게 되면 가족 간의 유대가 깨질 수도 있다. 그래서 가족과는 사업을 하지 않으려고 한다. 사업이 실패하면 가족끼리 더 큰 문제가 생긴다.

　그러므로 서로 상의하면서 방향을 찾는 것이 중요하다. 혼자만의 결정으로 가족들을 위험에 빠뜨려서도 안 되고 가족의 의견을 무시해서도 안 된다. 가족이라도 민주적이고 협력적으로 대해야 경영상의 어려움을 극복할 수 있다.

 또 하나 꼭 지켜야 할 것은 어떤 경우라도 가족끼리 원망하면 안 된다. 그런 원망은 결국 부메랑처럼 돌아와서 유대를 깬다. 당신이 가족을 원망하지 않아야 가족들도 당신을 원망하지 않는다.

 어려움을 함께 극복한 가족들은 오래간다. 그리고 언제든 또 문제가 생기면 같이 모여서 극복할 수 있는 가장 든든한 우군이 될 수 있다. 그렇게 되면 가족이 참여하는 형태의 창업이 가족 없이 하는 창업보다 훨씬 효과적이다.

商道錄 106
신규 사업에는 순발력이 필요하다

　신규 사업에 필요한 사람과 기존의 사업을 유지하는 데 필요한 사람은 차이가 있다. 기존의 사업에 어울리는 사람은 관리를 잘하고 문제가 발생하지 않게 하면서 수익을 가져오는 것이 핵심이다. 수익이 얼마인지, 비용이 얼마나 들지 예측이 가능하기 때문에 비즈니스 모델이 문제가 되기 전까지 운용을 잘할 수 있는 사람이 필요하다.

　하지만 신규 사업은 다르다. 신규 사업은 시작부터 문제가 발생한다. 그런 문제들은 차라리 초기에 발생하는 것이 더 좋다. 왜냐하면 초기에 발생되는 만큼 일이 진행되는 중간에 발생할 가능성이 줄기 때문이다.

　만약에 이런 일에 관리를 잘하는 사람을 투입하면 시장을 키우기보다는 관리 범위를 줄여서 문제가 적게 발생하도록 하고 시장 규모를 줄여 버릴 것이다. 그런데 신규 사업 초기에는 가능한 한 시장을 확대하면서 문제에 대응을 잘해 내는 사람이 더 효과적이다.

문제는 언제나 발생한다. 그 문제를 적극적으로 순발력 있게 교정해 나가는 사람이 있고 그 문제 발생을 원천적으로 줄이려고 하는 사람이 있다. 신규 사업에는 순발력 있게 교정하는 사람이 더 적합하다. 어떤 문제들이라도 순발력 있게 돌파해 나가는 사람이 신규 사업에는 맞다. 그런 사람은 문제 해결 능력이 있기 때문이다.

문제 해결 능력이 있는 사람일수록 일을 많이 확장할 수 있다. 문제를 두려워하지 않고 그 문제를 풀어 가려는 의지를 가지고 있기 때문이다.

분명 관리를 잘하는 사람도 필요하다. 사업의 성장세가 어느 정도 꺾이고 나면 그때부터는 관리를 잘하는 사람이 필요하다. 기업의 성장 시기에 맞는 사람은 따로 있다. 그런 사람들의 성격을 파악하고 적재적소에 배치할 수 있어야 미래를 위한 신규 사업도 재대로 추진할 수 있다.

사업가는 창업시기의 필요한 인재와 성장 둔화시기의 필요한 인재가 다르다는 사실을 명확히 인식해야 한다.

商道錄 107
생존력이 곧 경쟁력이다

좋은 시절에 좋은 예술 작품이 나올 것 같지만 그렇지 않다. 반 고흐도 어려운 시기에 좋은 작품을 많이 남겼다. 이중섭도 종이를 살 수 없어서 담뱃갑 은박지에 그린 그림이 지금도 명화로 남았다. 어려운 환경에서 위대한 예술이 꽃피듯 좋은 비즈니스 아이템도 어려운 환경에서 탄생한다.

대표적인 경우가 바로 유니클로이다. 유니클로는 일본의 경제가 폭락했을 때 탄생했고 그래서 세계적인 기업으로 성장했다. 사업에 있어서 가장 중요한 것이 고객의 가치를 제대로 반영하는 것인데 유니클로는 최고의 가치인 가격 대비 성능을 구현했다.

이렇게 어려운 환경에서 시작된 사업은 오래 살아남는다. 그만큼 치열하게 준비하고 노력하기 때문이다. 이런 상태에서 경쟁력을 키우면 해외 진출도 가능하다.

일본의 100엔 숍의 대표주자인 다이소는 한국에서도 성공했다. 일본 경제가 폭삭 망한 시절을 견디며 살아남았기 때문에 경쟁력을 갖춘 것이다.

 이제 한국도 저성장 시대를 맞았고 결국 어려움 속에서 생존하고자 최선의 다하는 기업들만이 남을 것이다. 그리고 그런 기업들 중에 세계적인 기업도 탄생할 것이다.

5

연구개발:
무엇을 만들 것인가?

商道錄 108
제품을 만들었다고 다가 아니다

기술자들이 사업을 하면 개발을 사업의 완성으로 생각한다. 하지만 개발만으로는 부족하다. 세상을 바꿀 만한 획기적인 개발이 아니라면 말이다.

개발이 끝났다는 것은 그 사업을 시작했다는 의미이지 성공했다는 의미가 아니다. 개발이 끝나면 사업도 완성됐다고 생각하는 기술자 출신의 사업가는 결국 영업 마케팅 또는 생산자금 때문에 힘들어진다.

개발이 완료되면 사업이 20%정도 진행됐다고 봐야 한다. 나머지 80%를 어떻게 만들어 가는가에 따라 사업의 성패가 결정된다. 정말로 초기 개발 개념을 잘 적용하여 크게 키울 수도 있고 시도로만 끝날 수도 있다.

이 판단은 경영자가 어떻게 사업을 보는가에 달려 있다. 하나의 시각으로 보면 안 된다. 다양한 시각으로 제품과 시장을 보는 것이 중요하다.

연구개발

商道錄 109
고객에게 물어 보라

사업가에게 가장 큰 기쁨은 고객이 상품을 인정해 주는 것이다. 상품에 흥미를 가지고 문제점과 개선안을 이야기해주면 더욱 좋다. 반면에 상품에 대한 피드백이 없을 때 사업가는 좌절한다.

이게 맞게 하는 것이지 내가 괜한 일만 하는 것은 아닌지 끊임없이 회의가 든다. 이럴 때 해야 할 일이 고객에게 물어 보는 것이다. 고객을 설득하려는 것이 아니라 정중하게 물어 봐야 한다. 만일 고칠 점이 발견되면 언제든지 고치려는 자세를 가져야 한다.

대부분 중소기업 사업가들은 자신의 상품을 고객으로부터 평가를 받는 일을 두려워한다. 하지만 일을 시작하기 전에 물어보고, 일을 진행하는 중에 물어보고, 마지막 순간까지 끊임없이 물어보는 것이 정말로 중요하다.

비밀 정보가 빠져 나갈 것 같아 두려워하지만 실제로 그 정도의 정보는 누구든 알 수 있다. 단지 그것을 상품화하려는 사람이 없을 뿐이다. 상품에 관해서 고객에게 물어보면 사업가의 생각이 명확해지고 잘 팔릴 수 있는 상품을 만들 수 있다.

　모르거나 궁금한 것이 있으면 물어보라. 적어도 백 명에게는 물어보라. 그것이 가장 안전한 개발 방법이요, 마케팅이다.

商道錄 110
불만은 창의력의 출발점이다

불만이 없는 사람은 불편함을 모른다. 불편함을 못 느끼면 개선하려 들지 않는다. 개선할 방향을 모르면 새로운 기회를 창출할 수 없다. 그래서 불만이 중요하다.

기존의 방식이나 형태 또는 프로세스에 불만을 가지면 그 해결 방법을 고민하게 된다. 즉 불만은 회사의 자산이 되고 개선 방향을 잡으면 사업의 기회가 창출되는 것이다.

겉으로 완벽해 보이는 일에도 불만스러운 부분은 있다. 영원한 일등이 없듯이 집중해서 보면 보인다. 관습적으로 넘긴 사소한 문제들 속에 불만이 있고 그것이 사업의 기회로 만들어 반등을 노릴 수 있다.

혹은 원가나 품질, 용도, 디자인, 기능, 유통방식 등 수많은 분야에서도 불만이 나타날 수 있다. 사업가는 불만의 범위를 전 영역으로 확장하면 사업의 기회를 찾는다.

商道錄
111

이십 년이면 핵심 기술이 바뀐다

기술의 수명이 가면 갈수록 짧아지고 있다. 10년 전에 쓰던 기술을 현재 적용하려고 하면 이미 사용을 할 수도 없고 수익도 나오지 않는다. 따라서 지금 내가 가진 기술을 몇 년간 더 사용하고 수익을 낼 수 있지 생각해야 한다. 동시에 다음 기술을 찾아내기도 해야 한다.

너무 먼 곳에서 미래의 기술을 찾으려고 하면 투자비가 많이 든다. 기술의 성숙도를 판단하는 것은 리더의 몫이다. 리더 말고는 누구도 그 판단에 책임을 질 수 없다. 미래의 기술을 개발해서 시장에 선보일 타이밍은 리더만이 결정할 수 있다.

이 중요한 사항을 기술자에게 끌려가면 안 된다. 기술자는 완벽하기를 원하기 때문에 기술이 완벽해지는 것을 기다리자고 한다. 그러다가 시기를 놓치고 만다. 반대로 너무 빨리 기술을 도입하면 진입할 때 비용을 많이 지불해야 한다.

기술은 사업의 바탕이다. 기술의 변화와 기술의 경쟁 업체의 도입에 신경을 써야 한다. 그리고 가장 적합한 타이밍에

연구개발

제품을 내놓아야 한다. 타이밍이 지금이라는 생각이 든다면 두 가지를 의심해 보라.

하나는 너무 준비 없이 출시하는 것은 아닌가 하는 것이다. 이때는 품질 문제에 결정적인 장애가 있는지 먼저 확인해 보고 결정하면 된다. 또 하나는 이미 늦은 것은 아닌가 하는 것이다. 이럴 때는 경쟁 기술과 비교하여 기술의 경쟁력 포인트나 컨셉트의 차별성을 찾아야 한다.

경쟁력과 차별성이 충분하다고 판단되면 도입을 해도 좋다. 이 모든 것은 지속적인 시장 조사를 통해서 가능하다. 그 출발은 기술 동향 리포트를 참고하고 공부하는 것이다.

商道錄
112
특허보다 더 중요한 것

보통 특허만 내면 끝난다고 하지만 현실은 그렇지 않다. 특허 자체보다 더 중요한 것은 특허 관리 비용과 연결 특허다. 특허만 내고 그칠 게 아니라 맵을 구성하여 그물처럼 단단하게 만들어야 한다.

특허에 빈 곳이 있으면 다른 기업이나 개인이 특허를 낸다. 그러면 그물에 구멍이 뚫린다. 관련 특허 전체가 무용지물이 될 수 있다. 특허를 내는 관점도 부분 특허를 내느냐, 전체 특허로 연결시키느냐에 따라서 그 효력이 크게 차이가 난다.

특허는 특허 구조를 만들어 상부에서 하부로, 단계별로 확장시키는 형태로 만드는 것이 좋다. 그래야 특허 분쟁이 생겨도 이길 수 있다. 그런데 이렇게 하면 특허관리 비용이 많이 든다. 그래도 이 방법이 좋다.

별 효력 없는 특허 하나를 가지는 것보다 효력이 있는 특허를 체계화시키고 관리비용을 써가면서 유지하는 것이 효율적이다. 연결 특허도 일종의 관리 비용에 해당한다. 촘촘히 특허를 짜고 나서 체계적인 관리를 하게 되면 큰 힘을 발휘할 수 있다.

미국의 세계 경제를 지배할 전략 중에 하나로 특허를 이용하기 때문에 특허에 강하다. 만일 세계적인 특허를 만들고자 한다면 미국에 특허 등록을 하는 것이 좋다. 결국 특허는 특허 관리 비용과 경제적 효과의 균형이 이루어 질 때 효력이 제대로 발생한다.

이런 것 계산 없이 특허만 많이 내면 된다고 생각하면 그 특허는 장식에 불과하다. 특허도 자산이니 관리하기 나름이다.

商道錄

113
기술 다음에 오는 기회

사업하는 사람은 항상 기술 동향에 관심을 가지고 있어야 한다. 새로운 기술은 그냥 생기는 것이 아니라 여러 가지 기술 변화의 과정 속에 생긴다. 획기적인 기술이 나오더라도 시장에서 받아들이지 않으면 기술은 힘을 발휘하지 못한다. 만약에 기술 동향에 맞고 시장의 요구에도 맞는 기술이 나타나면 폭발적인 힘을 가진다.

그 기술이 무엇인지 혹은 나아갈 방향에 대해서 분명히 알면 그 다음 단계에서 새로운 기회를 얻을 수 있다. 즉 기술이 사용화 되면서 생기는 부수적인 사업이 무엇인지를 알게 되면 사업의 기회가 생기는 것이다.

예를 들어서 자동차를 만들어 대중화시킨 포드보다 그 자동차에 들어갈 기름을 판 록펠러가 결과적으로 돈을 더 많이 벌고 더 강한 힘을 가졌다. 새로운 기술이 변화시킬 세상에서 필요한 것이 무엇인지 알았기 때문에 성공한 것이다. 그래서 혁신 기술보다는 그 기술로 인해서 생길 변화에 맞는

연구개발

사업이 더 좋은 사업이라고 할 수 있다.

혁신은 몇 번에 그치지만 부수적인 관련 사업들은 끊임없이 생겨난다. 사업가가 기술 동향에 관심을 가져야 한다는 것은 새로운 기술의 개발 주체가 되라는 말이 아니다. 그보다는 기술이 변화시킬 다음 단계를 예측해야 한다. 그곳에 사업의 기회가 있고 누가 빨리 파악하고 준비하는가에 따라서 성공이 결정된다.

商道錄 114
팀워크가 곧 효율이다

사업을 진행해 보면 연관된 사람들이 많이 있다. 업무의 프로세스상 단계별로 사람들이 연관되어 있다. 하나의 사업을 진행할 때 이런 모든 관련된 사람들이 연결되어 단계별로 업무가 처리된다. 문제는 이들이 전달되는 정보가 정확히 전달되지 않는 것이다.

단계가 넘어 가면 갈수록 정보의 정확도는 떨어진다. 이것을 방지하는 방법은 관련된 모든 사람에게 동일한 정보가 전달될 수 있도록 리더가 중앙에서 관리하는 것이다. 그래야 정보의 누수를 막을 수 있다.

정보의 정확도가 낮거나 정보가 누수가 되면 그만큼 손실이 일어난다. 시간적인 손실뿐 아니라 금전적 손실도 함께 보게 된다. 처음부터 치밀하게 관리하여 나가면 큰 문제가 없다. 이런 과정을 반복하면 할수록 팀워크가 좋아져서 정보의 정확도도 높아진다.

좋은 사업은 좋은 파트너와 함께 하는 것인데 그 중 가장 중요한 포인트는 정보의 정확도이다. 동일한 프로세스를 많이 해 보면 볼수록 그만큼 정확도는 높아진다. 가능한 처음 시도하는 프로세스를 어떻게 설계하는가에 따라서 미래에 진행될 사업의 효율성이 결정되기도 한다.

처음부터 팀워크를 잘 짜야 한다. 그래야 제대로 사업을 빠른 시간 내에 안정화시킬 수 있다.

115
단품으로 승부하라

　장사를 할 때 취급하는 물품의 종류가 많으면 성공할 수 있을 것 같다. 하지만 현실은 그렇지 않다. 단품을 파는 것보다 제품의 깊이가 덜하고 빠지는 것도 많다. 재고가 제대로 갖추어 지지도 않고 무엇이 필요한지도 모른다. 손익계산도 어렵고 손실도 많다. 그래서 단 품으로 승부해야 한다. 그래야 경험을 쌓아 가면서 문제점도 보이고 해결도 할 수 있다.

　특히 사업 초기에는 전문성을 확보하는 데 주력해야 한다. 전문성은 95%와 100%의 싸움이다. 어느 정도 하면 95%는 쉽게 할 수 있다.

　하지만 100%를 만들기 위해서는 나머지 5%를 채워야 하는데 이것은 전문적으로 집중한 사람에게만 보인다. 95%는 대충 배우거나 다른 사람 하는 것을 모방해도 되지만 나머지 5%는 누구도 가르쳐 주지 않는다. 그런 5%에 의해서 전문성이 결정되는 것이다.

　단품을 밀거나 품목을 줄이는 이유는 바로 5%를 채우기 위해서다. 그렇게 집중하면 길이 보인다. 무엇이든 집중하면 그 속에 그 크기만큼의 사업거리가 있고 매출이 있고 먹고 살 길이 있다.

商道錄 116
비즈니스는 샘플로부터 시작한다

비즈니스 출발은 샘플이다. 샘플을 어떻게 만드는 가에 따라서 사업의 물고가 트이기도 하고 명확해지기도 한다. 샘플은 기업이 가진 역량을 보여준다.

샘플을 만들 때는 최선을 다해서 고객의 욕구에 맞추는 것이 기본이다. 하지만 그것만으로 안 된다. 역량을 오버해서 샘플을 만들면 대량 생산을 할 때 크게 손해를 볼 수가 있다. 실제 생산에 들어 가면 문제가 생기는 것이다. 그렇게 되면 관계가 좋던 거래처의 신뢰도 잃을 수 있다.

샘플은 할 수 있는 만큼 만들어야 한다. 너무 좋게 만들어도 안 되고 너무 대충 만드는 것도 안 된다. 그 정도를 결정하는 것이 리더가 할 일이다. 기업의 역량에 한 발 정도 앞서는 것이 제일 좋다.

아무리 하찮은 샘플도 경영자가 직접 확인해야 한다. 그것이 바로 기업의 얼굴이기 때문이다. 거기서부터 기업의 미래가 결정된다.

商道錄 117

데이터 분석이 핵심이다

기술 개발은 설계에서 끝난다고 생각하기 쉽다. 하지만 그것은 하나의 결과이거나 새로운 시작일 뿐이다. 데이터 분석을 통해서 어떤 방향으로 설계를 해야 할지 결정을 해야 한다. 그런 다음에 설계를 해야 하는 경우 결과가 만들어진다.

또 만들어진 제품을 데이터 분석을 통해서 개선할 포인트를 찾아내려고 하면 그때의 설계는 새로운 시작일 뿐이다. 그런데 이렇게 데이터를 찾고 관리하고 분석하는 행위가 바로 기술의 핵심이다.

우리나라도 그렇지만 중국이나 다른 나라들도 설계만 보고 따라하려고 한다. 그 속에 담긴 데이터는 보지 못한다. 그래서 카피는 가능하지만 새로운 것을 만들어 내지 못한다.

데이터를 분석하는 방법을 모르기 때문에 개발이 안 된다. 좋은 부분만 골라서 모방해도 기형이 생긴다. 기본이나 원리를 모르기 때문에 이런 일이 발생한다. 무슨 데이터를 모을 것인가 하는 문제가 기본이다.

그리고 모인 데이터를 어떻게 분석할 것인가 하는 부분에서 기술의 차이가 벌어진다. 또한 분석된 데이터를 어떻게 설계에 반영하느냐에 따라서 기술의 차이가 극명해진다. 리더는 데이터를 보는 눈을 가져야 한다.

商道錄 118
팔 수 있는 제품을 찾아라

/

최근에 중소기업들이 겪는 가장 커다란 어려움이 바로 팔 수 있는 제품이 없다는 것이다. 대기업의 하청이 되어 오더 걱정 안하고 사업하던 때도 있었지만 대기업의 갑질로 인해서 상황이 크게 어려워졌다. 그래서 새로운 제품을 만들어서 팔고 싶은데 제대로 된 제품이 없다. 리더는 무엇인가 찾아다니긴 하는데 잘 보이지 않는다.

방법은 팔 수 있는 제품을 찾아내는 것과 장기적으로 보고 자체 개발을 하는 것, 두 가지이다. 사업을 세우고 죽이는 가장 분명한 힘이 상품력에서 나오는데 이것을 찾지 못하거나 개발을 하지 못하면 사업이 어려워진다.

따라서 리더는 제품력을 높이고자 부단히 노력해야 한다. 혼자서 하기 어렵다면 팀을 짜든, 선생을 찾아 다니든, 전문가를 영입하든, 제품을 만들어내야 한다. 비용이 많이 들고 실패율도 높지만 반드시 해야 하는 일이다. 전문가가 해낼 수도 있지만 그가 회사를 나가버리면 곤란하다. 그래서 가능하면 리더가 직접 하는 것이 가장 좋다.

적어도 그 회사가 팔 제품에 대해서는 리더가 가장 많이 알아야 한다. 그리고 끊임없이 제품을 만들어 내는 능력을 갖추어야 한다.

商道錄 119
출시 시기를 놓치지 마라

상품을 너무 빨리 출시를 하면 시장에서 고객을 만나지 못하고 사라진다. 너무 늦으면 이미 1위 브랜드가 시장을 장악하고 있어서 시장에 들어가기 힘들다. 따라서 적절한 시기에 상품을 출시해야 한다. 하지만 최적의 시기는 상품마다 다 다르다. 어떤 상품을 중심으로 사업하는가에 따라서 적절한 시기가 결정된다.

적절한 시기는 크게 세 가지로 구분된다. 첫째 아무도 시장에 없는 경우. 이때는 얼마나 빨리 출시하고 사용자들이 바르게 활용할 수 있는가가 핵심이다. 두 번째는 기술이 변동 되는 시기다. 이 시기에는 신기술을 제시해서 기존의 제품을 제치고 그 자리를 차지해야 한다. 세 번째 시기는 새로운 컨셉트로 승부를 보는 시기이다. 지금까지 존재한 적 없는 개념으로 마케팅을 하면서 시장을 만들어야 한다.

문제는 새로운 컨셉트를 받아들이는 방법이 명확하지 않으면 실패하기 쉽다는 것이다.

그런데 세 가지 시기가 구분이 돼도 상품마다 조건이 다르다. 첫째는 아무도 없는 시기는 먼저 출시하는 게 좋다. 선점 효과를 보기 때문이다. 단점은 품질 문제나 기능적 장애는 생긴다는 점이다. 이는 출시 후에 개선을 빨리 하는 것이 답이다.

둘째는 기술 변동 시기에 출시할 경우에 충분히 기술 비교가 가능한 시기에 출시하는 것이다. 충분한 결과 데이터를 제시할 수 있을 때를 기다려야 한다. 막연한 연구 결과만으로는 부족하고 실행 테스터 데이터가 있어야 한다. 왜냐면 출시 후 데이터를 만들면 기존의 업체들이 그 결과를 번복할 수 있는 대안을 만들어 낼 수 있기 때문이다.

마지막으로 새로운 컨셉트로 출시하는 일에 있어서 중요한 포인트는 미디어 홍보 역량이다. 홍보력이 충분히 갖추어진 상태에서 출시하는 것이 맞다. 미디어 홍보 계획을 정교하게 세워야 한다. 왜냐면 새로운 컨셉트가 장악되지 못하고 시간이 길어지면 경쟁사에서 모방 제품을 쉽게 낼 수 있기 때문이다.

출시 시기를 정할 때 함께 고려해야 하는 요소가 하나 더 있는데 그것은 바로 내부 역량이다. 아무리 좋은 시기라도 내부 역량이 준비가 되어 있지 않으면 안 된다. 리더는 이런 조건들을 두고 종합적인 판단을 내려야 한다. 리더가 판단해서 정하는 하는 출시 시기와 가격은 바로 전략의 핵심이고 결과물이다.

商道錄 120
매몰비용을 인정하라

나쁜 아이디어가 사업가를 망친다. 그런데 그게 나쁜 아이디어인지 아닌지는 실패하고 나서야 알아차린다. 분명히 진행 중간에도 실제 그 위험성은 항상 경고를 한다. 하지만 그런 경고를 무시하기 쉽다. 들인 시간과 노력 그리고 비용 때문에 과감한 결단을 내리지 못하는 것이다.

나쁜 아이디어인지 아닌지는 시작 단계에서 충분히 점검해야 한다. 실제 아이디어 단계에서 충분히 검토하고 전문가의 자문을 받을 필요가 있다. 왜냐하면 이때 잘못 결정하면 돌아가기 힘들다.

튼튼한 조직과 약한 조직의 가장 큰 차이는 초기 아이디어를 어떻게 다루는가에 달려 있다. 튼튼한 조직일수록 초기에 집중한다. 충분히 검토하고 성공 가능성과 수익성을 확인하면 멈추거나 흔들리지 않는다. 그러면 성공할 확률이 그만큼 높다.

초기에 충분히 검토하지 않으면 실행하면 할수록 격차가

연구개발

벌어진다. 그만큼 실책도 많고 수익성도 악화된다. 충분히 초기 단계에서 검토를 하지 못해서 그렇다.

  그럴 때는 그냥 방향을 바꾸는 것이 현명하다. 새로운 아이디어를 충분히 검토하고 두 번 다시 그런 실수를 하지 않도록 방향을 바꾸라. 이렇게 하지 못하는 이유는 매몰비용 때문인데 유능한 사업가는 매몰비용을 인정해야 한다. 인정을 못하고 끝까지 안고 가면 그냥 망한다.

商道錄 121
경험을 팔면 오래 간다

예전에는 사업이 제품이나 서비스를 파는 것으로 생각했다. 그러나 요즘은 상품, 즉 제품이나 서비스를 통해서 고객이 얻고자 하는 것이 무엇이냐 하는 것에 초점이 맞춰진다. 사업의 출발점이 달라지는 것이다.

이런 변화로 인해서 여러 가지가 달라졌다. 고객은 오감만족을 통해서 감동을 받기를 원한다. 단순한 사용가치를 넘어서 생생한 경험을 구매하길 원하는 것이다. 경험이 중심에 놓이면서 제품에 대한 해석이나 서비스에 대한 해석도 바뀌었다.

예를 들어서 머리를 자르러 갔다면 예전에는 머리카락을 자르고 간단히 머리를 씻고 나오는 것으로 끝이었다. 요즘은 머리 자르는 경험을 판다. 머리카락을 자를 때 불쾌한 자극이 없이 어떻게 심플하게 커팅을 할 것인가가 중요하고 머리를 감길 때도 어떻게 하면 시원하게, 편안하게 감길 것인가를 고민한다. 또 머리를 감고 나서 마무리를 어떻게 해야 하는지에 대해서도 연구해야 한다.

즉 고객의 만족할 만한 경험을 중심으로 제품과 서비스를 다시 정의하고 그것을 파는 것이다. 고객의 입장에서는 경험이 반복되면 몸에 체화된다. 다른 곳에 가면 그 경험을 할 수 없기 때문에 지속적인 구매가 이루어진다.

商道錄 122
제품 수명이 점점 짧아진다

시간이 지나면 지날수록 제품의 수명 주기가 점점 짧아지고 있다. 정보의 이동속도가 빨라졌고 제품에 대한 기술 개발 속도도 빨라졌기 때문이다. 게다가 카피가 만연해서 개발 비용도 못 건지는 일도 있다.

신제품이라고 해서 일정한 수준의 시장 독점을 인정해주던 시기가 끝난 것이다. 새롭게 개발돼 시장에 나온 제품이라도 혁신적인 모습과 가격 경쟁력을 모두 갖추어야 하는 이중의 어려움이 존재한다.

그만큼 사업 환경이 많이 변했다고 봐야 한다. 여기에 전략의 수명도 짧아졌다. 그 해의 전략이 성공했다고 해서 다음 해에도 지속할 가능성이 없다. 소비자는 빨리 변하고 기업의 경쟁자들이 따라오는 속도도 빠르다. 전략의 수명 주기를 2년 정도로 봐야 할 정도로 변화가 급격하다.

그러므로 한번 만든 전략이 10년 이상 갈 것이라고 믿으면 안 된다. 전략의 수명은 일 년이고 신제품의 수명은 한 시즌이라 봐야 한다. 단순한 전략으로는 오래갈 수 없기 때문에 사업가는 진정으로 다른 경쟁자들이 사용할 수 없는 전략을 만들고 실행해야 한다. 리더가 나서서 다른 업체가 복제할 수 없는 특별한 전략을 짜야 하는 것이다. 지속적으로 전략을 업그레이드하며 장기적인 경쟁력을 확보해야 한다.

한번 성공한 전략이 계속 성공할 수 있다고 생각하면 안 된다. 전략을 수립하는 과정도 시스템으로 만들어 두지 않으면 시장의 변화를 반영할 수 없다. 전략에 변화를 담아 낼 수 있는 시스템을 구축해야 한다. 리더가 적극적으로 나서서 시장의 변화에 발맞추어 전략을 만들어내고 수정할 수 있는 시스템을 만들어야 한다.

商道錄
123

어려운 시기에 할 일은 따로 있다

사업이 어려워지면 투자자금이나 마케팅 비용, 직원수를 최소화 할 수밖에 없다. 그와 동시에 시간이 많이 들고 장기간에 걸쳐서 해야 하는 일을 하는 것이 좋다. 그 중에서도 장기적으로 가장 효과적인 것은 바로 기술 투자나 프로세스 개선이다.

기술 투자와 프로세스 개선 중에서도 특히 시간을 많이 요구하는 테스트나 실험, 또는 나름의 소프트웨어 개발에 집중하는 것이 좋다. 이것은 주로 시간과의 싸움이기 때문이다. 사업이 어려워진 틈에 이런 일들을 미리 처리해두면 어려운 시기가 지났을 때부터 크게 효과를 볼 수 있다. 좋은 기회도 오고 그 전에 제대로 보지 못했던 것들도 보인다.

또 어려운 시기에 기술개발과 프로세스를 개선하면서 시간을 보낸다고 생각하면 마음이 편하다. 마음을 졸이거나 무리하게 빚을 내면서 일을 해야 할 이유가 없다. 개구리가 뜀뛰기를 하려면 뒤로 물러났다가 뛰어 오르듯 어려운 시기도 노력으로 채우면 된다.

　실제 많은 사람들이 어려운 시기와 좋은 시기에 해야 할 일을 구분하지 못한다. 시기마다 해야 할 일이 다 다르다. 그래야 효율을 극대화할 수 있다. 돈과 시간, 인력의 최적화 하는 방법에 따라서 사업의 향배가 결정된다.

　어려운 시절에는 기술개발과 공정개선에 묵묵히 집중하면 돈은 적게 투자할지라도 시간은 많이 투자할 수 있다. 그렇게 기다리면서 미래를 준비하는 것이 쉬운 일은 아니지만 최선의 방책이다. 너무 조급하게 생각할 필요 없다. 준비가 갖추어진 사람에게 기회가 오는 법이다.

商道錄 124
타협하면 잠깐 동안 편하다.

사업을 하면 타협하고 싶거나 타협이 필요할 때, 아니면 어쩔 수 없이 타협을 해야겠다고 느끼는 때가 있다. 이때의 타협은 품질에 대한 타협일 수 있고 가격에 대한 타협, 제품의 성능에 대한 타협일 수도 있다.

타협이 필요한 이유는 제한된 자원 때문이다. 시간이 없거나 돈이 없거나 아니면, 사람이 없어서 그렇다. 타협을 하고 싶지 않아도 어쩔 수 없이 하게 되는 것이다.

그런데 이런 타협의 결과는 끝이 좋지 않다. 일시적으로는 분명 편한데 편함이 오래 가지 못한다. 편한 시기가 지나고 나면 '조금만 더 견뎠으면 좋아졌을 텐데…….' 하는 아쉬움이 남는다.

스티브 잡스는 절대로 타협하지 않았던 사업가로 유명하다. 그는 타협을 몰랐다. 자신이 원하고 고객이 원하는 수준까지 밀어 붙였다. 그래서 애플이 살아남았고 세계 최고의 회사가 됐다.

'타협하지 않는다'는 말은 '철학을 지킨다'는 뜻이기도 하다. 사업에 대한 철학을 지킬 때, 제품도 브랜드도 기업도 빛이 난다. 어려울 때 타협의 욕구는 있을 수밖에 없다. 그래도 견딜 수 있는 수준까지 최선을 다하면서 타협하지 거부하라. 일시적으로 타협해도 환경이 좋아지면 다시 끝까지 밀어 붙이라. 그래야 제품이나 서비스가 완성 된다.

사장에게는 철학을 밀고나가는 뚝심이 필요하다. 고객들이 구매하는 것은 상품이 아니라 사장의 철학이다.

6

마케팅:
어떻게 팔 것인가?

125
꿈이 있어야 판다

드라마든 연극이든 그 세계를 꿈꾸는 사람에 의해서 만들어진다. 혁신적인 제품도 그 제품에 대해서 꿈을 가진 사람의 손으로 구현된다.

비즈니스는 제대로 팔릴 만한 꿈을 꾼 사람의 손을 들어 준다. 그냥 꿈꾸는 것이 아니라 사람들이 공감하고 같이 꿈을 꾸게 만들 때 비즈니스를 성공으로 이끌 수 있다.

그런데 사람들은 대개 꿈꾸기를 주저한다. 왜냐면 자신이 꾸는 꿈에 확신이 없고 그것을 구현하기 어렵다고 보기 때문이다. 꿈을 현실로 바꾸는 것은 좋은 꿈을 꾸고 그것을 포기하지 않는 사람만이 할 수 있는 일이다. 사람들과 더불어 만들어 내는 꿈, 그것이 바로 비전이고 목표이고 희망이다.

126
원칙의 브랜드화

원칙은 브랜드의 포지셔닝과 같다. 사업가가 원칙을 바꾸는 것은 상품의 브랜드를 바꾸는 것과 같다. 즉 자신이 만든 원칙이 정말로 가치 있는 것인지, 발전할 가능성이 있는 것인지, 자신과 맞는 것인지 등등 원칙을 세우는 과정까지 많은 고민과 조사와 경험이 필요하다.

월급쟁이나 남 밑에서 일을 하면 원칙을 세우는 과정에서 경험을 쌓을 수 있다. 이런 경험이 끝나고 내 이름으로 사업을 한다면 원칙을 분명히 세워야 한다.

이 원칙을 세웠다고 하여 누구나 잘되는 것은 아니다. 브랜드를 만든다고 알려지는 것이 아니듯 말이다. 브랜드도 자기 정체성을 인정받기까지 몇 년이 걸리듯이 사업의 원칙을 지키고 제대로 알려지고 효율이 오르려면 몇 년의 시간이 걸린다.

문제는 그 사이에 많은 사람들이 원칙을 어기고 타협을 하면서 원칙의 가치를 훼손한다는 것이다. 이렇게 나만의 원칙을 굽히면 누구도 그 사업에 대해서는 관심을 가지지 않는다. 브랜드의 정체성이 상실되면 누구도 그 브랜드를 찾지 않게 된다는 것과 같은 이치다.

어렵더라도 끝까지 그 원칙을 지키고 원칙을 지키는 범위 안에서 다양한 시도가 이루어져야 한다.

商道錄 127
규범과 상식을 버려라

파괴는 창조의 어머니이다. 파괴하지 않고 창조한다는 것은 한계가 있다. 새로운 것을 만들기 위해서는 기존의 상식과 규범을 파괴하는 것이 먼저다. 그래야 창조의 한계가 지워지지 않는다. 새롭게 만들어진 것들 중에 파괴하지 않고 만들어진 것은 없다. 만일 그런 것이 있다면 그것은 과거의 복제품일 수밖에 없다.

사업의 기회도 기존의 사업을 파괴할 때 만들어진다. 파괴하는 사람은 알에서 껍데기를 깨고 나와서 병아리가 되지만 파괴당하면 먹잇감이 되고 만다. 만약에 창조가 안 되면 파괴부터 하는 것이 빠른 길이다. 그렇게 파괴하면서 새로운 관점으로 창조를 해나가는 것이다.

사업은 단순하지만 힘든 이유가 바로 파괴를 제대에 맞추어 잘해야 하기 때문이다. 기존의 질서를 파괴할 수 있어야 기회가 생기고 이윤도 창출된다. 그 출발은 바로 하루하루 스스로를 변화시키는 데 있다.

商道錄 128
고객을 만나고 또 만나라

고객과의 커뮤니케이션이 사업의 가장 큰 자산이다. 고객을 만나면 기존의 비즈니스가 유지, 보완이 되기도 하지만 새로운 비즈니스를 만들 기회도 얻을 수 있다.

사업가가 고객의 눈높이를 이해하는 것은 쉽지 않다. 고객이 중요하다고 보는 점과 사업가가 중요하다고 보는 점이 서로 다르다. 그런 이유로 기회도 잃어버리고 신뢰도 잃어버리는 경우가 많다.

고객의 눈높이를 맞추는 좋은 방법이 바로 고객과 긴밀하게, 자주 만나는 것이다. 동시에 새로운 고객도 찾아 다녀야 한다. 고객과 잘 만나는 방법을 아는 것도 사업의 노하우이다. 고객과 만나는 만큼 사업의 기회는 살아난다. 쉬지 말고 고객을 만나는 기회를 만들어 내야 한다.

商道錄 129
감동 없는 상품이 팔릴 리 없다

／

내가 만든 상품은 나의 얼굴이다. 아침마다 내 얼굴을 보면서 예쁘다고 칭찬하면 자신감이 생기고 좋은 일도 생긴다. 마찬가지로 애정을 갖고 상품을 바라보면 부족한 부분, 고치고 싶은 부분이 보인다. 그렇게 해서 여러 번 고치면 상품은 좋아질 수밖에 없다.

상품이 좋아지면 더 많은 소비자가 상품을 사고 또 사용하면서 얻은 감동을 광고하고 다닌다. 이때 상품이 예쁜 것만큼 좋은 광고는 없다. 내가 상품을 사랑하는 만큼 소비자도 내 상품을 사랑하도록 만들면 그 상품은 분명히 히트한다.

그러기 위해서 닦고 광내고 고치고 수정하면서 지속적으로 상품을 업그레이드해야 한다. 한번 만들었다고 버려두고 잊어버리면 소비자도 그 상품을 잊어버린다.

비록 시작은 볼품없더라도 애정을 가지고 노력하면 고객들도 감동을 한다. 그렇게 하면 아무리 사소한 상품이라도 성장하고 진화할 수 있다.

商道錄 130
소통이 사업을 확장시킨다

사방에 창문이 뚫린 방에 있으면 그만큼 공간의 확장된다. 창문 없는 방에 있는 것보다 훨씬 넓은 시야를 갖게 된다. 소통은 바로 창문과 같다. 소통을 하게 되면 사방이 사업의 영역이 확장된다.

여기서 말하는 소통은 단순히 커뮤니케이션을 잘 하는 수준이 아니다. 소통은 조직 내 개인과도 해야 하고 조직과 조직과도 해야 하고 개인과 개인과도 해야 한다. 소통을 통해서 공동의 목표도 정하고 방향도 정하고 프로세스도 만든다.

소통하지 않으면 혼자서 하는 사업 이외는 할 수가 없다. 사업을 키울 수도 없다. 사업을 크게 한 사람은 소통할 줄 아는 사람이다.

마케팅

商道錄
131

마케팅이 곧 경영이다

/

　수요가 생산을 앞서던 행복한 시절이 있었다. 그런데 곧 그 반대가 됐다. 한국 사회에서 생산이 수요를 넘은 시기가 90년대부터다. 그 무렵부터 브랜드의 중요성이 커졌다.

　브랜드의 기능이란 바로 선택의 차별성이다. 브랜드가 있으면 쉽게 선택이 되지만 그렇지 못하면 선택의 순위에서 밀린다. 이유는 생산이 수요를 앞섰기 때문이다.

　세상을 바꿀 만한 혁신적인 제품이면 수요를 걱정 할 필요 없이 개발과 생산에만 집중하면 된다. 하지만 그렇지 않은 모든 상품은 수요에 집중해야 한다. 소비자가 선택할 수밖에 없는 상품을 만들어 내야 하는 것이다.

　그래서 마케팅에 집중해야 한다. 생산은 외주를 줄 수 있지만 소비자를 찾아내는 일은 직접 할 수밖에 없다. 사업을 크게 키우려면 마케팅 역량을 강화해야 한다.

　사업가는 항상 마케팅을 먼저 생각해야 하는데 그래야만 소비자에게 선택될 상품이 보인다. 기술과 생산은 그 다음이다. 마케팅은 시장을 만드는 것이고 기술과 생산은 효율적인 운영과 연결된다.

사업가는 먼저 시장을 만드는 일에 집중해야 한다. 운영의 효율성은 전문가에게 맡겨도 된다.

商道錄 132
고객으로부터 장점을 알아내라

고객이 내가 만든 상품에 돈을 지불하는 이유는 그 상품에 어떤 장점이 있기 때문이다. 그 장점은 사업가가 느끼는 것과 고객이 느끼는 것이 다르다.

사업가는 고객이 상품에 대해서 느끼는 장점을 분명히 확인하고 정리해야 한다. 고객이 생각하는 장점을 사업가가 모르고 있으면 사업을 키울 수 있는 좋은 기회를 놓친다. 고객이 생각하는 장점을 파악하고 그것을 확대할 수 있도록 어떤 전략을 세우는가에 따라서 사업의 규모도 정해지고 잠재적인 성장력도 결정된다.

그렇다면 고객이 생각하는 장점을 어떻게 알아낼 것인가. 쉬운 방법으로 고객에게 물어 보면 된다. 여러 사람에게 많이 물어 볼수록 그 장점이 무엇인지 더욱 명확해진다.

고객과의 눈높이를 맞추는 것은 사업의 핵심이고 그 일을 잘해내는 사업가는 기업을 더욱 강하게 키울 수 있다.

商道錄 133
차별화된 경쟁력

사업을 계획할 때 무엇이 가장 중요할까? 돈도 아니고 기술도 아니다. 그럼 사람인가 생각해 봐도 사람도 아니다. 최종적으로 남는 것은 경쟁력이다. 그것도 차별화된 경쟁력을 확보할 수 있는가 하는 문제가 가장 중요하다.

다른 것이 모두 준비돼 있다 해도 차별화된 경쟁 포인트를 찾아 내지 못하면 창업을 하고도 오랜 시간 찾기 헤매게 된다. 그러고도 3년 안에 경쟁 포인트를 찾지 못하면 사업은 망한다.

경쟁 포인트를 먼저 찾고 시작하는 사람과 시작해서 찾아 헤매는 사람의 성장 속도는 배 이상의 차이가 난다. 차별화된 경쟁 포인트 중에서 가장 강력한 힘을 가지는 것은 바로 차별화된 사고방식이다. 동일한 문제를 남과 다르게 볼 줄 아는 힘이 바로 가장 강력한 경쟁력이다.

이 사고방식은 경영자만이 창조할 수 있다. 만약에 직원이 창조해 내면 그 사업은 직원의 것이다. 경영자가 스스로 만

마케팅

들어 내고 그것을 중심으로 사업을 시작해야 한다. 차별화된 시각을 찾지 못하고 밀려서 창업을 하면 절반은 망했다고 보면 된다.

商道錄
134
경영자가 직접 선택하라

좋은 아이템을 발굴하려고 하다 보면 경영자의 판단에 많이 좌우된다. 한 가지 방법으로 리더가 기획하거나 아니면 직원을 시켜서 조사나 기획을 한 후에 사업가가 결정할 수 있다. 이렇게 하면 성공할 확률은 50%이다. 성공 가능성이 그리 높지 않다. 왜냐하면 최종 소비자는 경영자나 직원이 아니기 때문이다.

만약에 시장에 선택을 맡기면 성공 확률이 달라진다. 시장의 소비자가 아이템을 선정하게 하면 그 중에 골라서 집중시키면 된다.

소비자가 선택하게 만드는 방법은 다양하다. 제일 쉬운 방법은 샘플 테스트이다.

샘플을 만들어서 그것을 테스트하다 보면 고객이 어떤 기준으로 좋게 평가하고 나쁘게 평가하는지 알 수 있다. 또한 개선점도 알 수 있다. 조금 더 확장하면 초기 생산품을 통해서 테스트 마케팅을 활용할 수 있다. 이는 조금 더 확실히 고객의 성향을 파악하는 방법이다.

  이런 방법을 쓰면 당연히 비용이 발생한다. 단계별로 비용의 차이가 있지만 그 차이만큼 성공 확률도 올라간다. 하지만 리더가 결정하면 비용에 상관없이 성공 확률이 낮기도 하고 실패 가능성도 높다. 따라서 아이템 개발은 시장에 맡기는 것이 가장 효율적이다.

商道錄
135
고객이 받아들이는 데는 시간이 걸린다

고객은 어린아이와 같다. 자기가 좋으면 아이들처럼 달려들고 관심이 없으면 쳐다보지도 않는다. 이럴 때 아이를 대하듯 고객이 상품을 받아들이도록 해야 하는데 그렇게 하는 사업가가 드물다.

자신이 좋아하는 방식으로 고객을 설득하려고 한다. 그러면 고객은 이해를 하지 못하고, 알지만 쉽게 접근하지 못하기도 하고, 고객을 무시한다고 생각하기도 한다. 그렇게 되면 아무리 좋은 제품이나 서비스라도 고객으로부터 인정을 받기 어렵다.

고객에게 인정받기 위해서는 시간과 노력이 필요하다. 고객의 눈높이에 맞게 가야 하는데 쉽지가 않다. 사업가 입장에선 고객에게 제공하려고 하는 서비스나 제품이 너무 많기 때문에 어떤 것이 고객에게 맞는지 모른다. 그것을 알아도 효율적으로 전달하는 데는 교육과 훈련이 필요하다. 그래서 고객으로부터 인정받기 위한 장기적인 준비가 필요하다.

마케팅

그런데 고객은 아이였다가, 중고생이 되었다가, 성인이 되기도 한다. 고객도 성장을 한다. 그 성장에 맞추어서 상품과 서비스를 준비하고 소개하고 교육해야 한다. 좋은 제품일수록 그 제품을 장기적으로 키우고 고객이 받아들일 수 있는 전략이 필요하다.

분명 그러는 사이에 사업도 같이 살아남고 커갈 것이다. 고객은 장기적인 관계를 형성해야 할, 가장 중요한 사업의 바탕이다.

商道錄
136

지리적 불리함을 극복하려면

사업을 하다 보면 누구나 더 좋은 상권으로 옮겨 가고 싶어 한다. 실제로 다른 곳에 가면 충분히 성공할 수 있는데도 지리적 이유 때문에 외면 받는 경우가 있다.

이럴 때는 고객의 입장에 서서 왜 그곳으로 가야 하는지를 생각해 봐야 한다. 분명 갈 이유가 있으면 가게 된다. 그곳에 갈 이유를 만들어 내는 것은 그 지역의 상권을 만드는 일이라 쉽지 않다. 좋은 상권을 만드는 것은, 그 지역만의 특별함을 끌어내는 데서 시작한다.

예를 들면 전국에서 가격이 제일 싼 곳이든지, 유명한 경영자가 있든지, 아니면 볼거리가 항상 열리는 곳이든지, 정말로 가지 않으면 안될 만큼 제품이 좋든지, 서비스가 좋던지 하는 특별함이 필요하다.

그런 매력이 효과를 보기 시작하면 그 지역은 곧 좋은 상권으로 바뀐다. 유동인구가 많아지면 상권은 발달하게 되어 있다. 하지만 일시적으로 이용해 먹고 빠지면 결국 이후에 들어

마케팅

온 사람들은 피해만 본다.

상권의 변화는 10년 정도의 주기로 변한다. 10년 정도 노력하면 상권이 좋아지지만 좋아진 상권은 10년 정도 지나면 오히려 나빠지기 시작한다. 그러다가 다시 재생 프로그램이나 특별한 이유가 생기면 다시 살아나는 것을 반복한다. 한 번도 상권이 좋아진 적이 없는 곳에 있다면 장기적으로 끌고 갈 수 있는 매력이 필요하다.

그 매력이 무엇인지는 사업마다 다르다. 분명한 것은 어떤 사업이든 매력을 만들어 낼 수 있다. 매력은 남과 다른 차별성에서 유발된다. 그것을 결정할 때는 리더가 가장 잘 알고 가장 잘할 수 있는 것으로 정해야 한다. 그러면 길이 보이고 성공에 가까워진다.

商道錄
137
심플하게 이해하고 말하라

/

사업가는 자신이 하는 사업의 본질은 한 문장으로 말할 수 있어야 한다. 문장 하나로 사업의 본질을 제시하고, 그 문장만으로도 사업의 특징과 가능성, 경영자의 신념이 보여야 한다.

이런 문장을 찾아내기 위해서는 먼저 사업에 거는 기대 또는 초기에 설정한 가치 등등 모든 것을 적어 놓고 하나씩 연결하고 제거하면서 마지막 남은 문장을 찾아내면 된다. 그렇게 심플하면서 명확한 문장을 찾아내면 그것이 사업의 비전이고 장기계획이고 경영자의 신념이다.

이렇게 문장을 정리하면 더이상 방황하거나 다른 일에 기웃거릴 필요가 없다. 때론 더 좋은 문장이 보일 수도 있다. 하지만 앞서 만든 문장은 숱한 가능성들을 하나씩 정리하면서 남은 본질이기에 더 이상 흔들릴 이유가 없다. 흔들리는 것은 아직 가능성을 충분히 검토하지 못해서 그렇다.

하나의 문장은 가장 강력한 메시지이다. 사업가는 메시지로 사업을 한다고 해도 과언이 아니다. '다르게 생각하라

마케팅

(Think different)'는 애플이 1997년에 만든 슬로건이다. 이는 애플의 사업이나 스티브 잡스의 사업의 본질을 명확하게 보여주는 문장이다. 이 광고 이후 애플은 바뀌었고 세계 최고의 기업이 됐다.

그런데 메시지를 하나의 문장으로 만들더라도 그것을 그대로 지켜내기가 어렵다. 그래서 고객이나 직원들이 기업의 메시지를 잊지 않도록 만들어야 한다. 뿐만 아니라 사장 스스로도 메시지를 지켜내기 위해서 최선을 다해야 한다.

商道錄 138
준비 없이는 새로운 시장도 소용없다

/

사업가들은 항상 좋은 시장이 없을까 생각하고 찾아 다닌다. 그런데 아무리 좋은 시장이라도 준비되어 있지 않는 사람에게는 오히려 화근이 될 뿐이다. 기존의 사업까지도 어려움에 처할 수 있다. 새로운 시장이 열린다는 것은 기존의 시장에서 변화가 일어난다는 의미다. 그로 인해서 기존의 사업에 심각한 타격을 줄 수 있다.

새로운 시장은 우리가 알지 못하는 사이에 그냥 등장한다. 그런데 등장 전에 조짐은 여러 군데에서 나타난다. 사소한 변화를 인식하지 못하고 있으면 새로운 시장이 등장해도 아무런 일도 하지 못하는 것이다.

새로운 시장은 준비한 사람에게만 열리고 새롭게 성장할 수 있는 기회를 제공한다. 준비 없이 기회만 찾아 다니는 사람은 막상 그 기회가 올 때 아무런 역할을 할 수 없다. 사실 좋은 사업은 힘들게 찾아 다니는 게 아니라 준비하고 있으면 굴러들어 온다. 그게 비지니스이다.

새로운 시장을 대비해서 준비하는 방법 중에는 로드맵을 제대로 만드는 게 가장 중요하다. 그리고 필요하면 전문가의 도움을 통해서 새로운 시장을 예측하는 것도 나쁘지 않다. 자기가 직접 나서는 것 보다는 사람을 쓰면서 제대로 파악할 수 있다.

商道錄 139
환경 탓, 사람 탓을 하지 마라

나름대로 사업을 잘하던 사람도 환경이나 사람으로 인해서 미래가 불투명해지면 환경 탓이나 남 탓을 한다. 그런다고 달라지는 것은 없지만 그렇게 하고 싶은 것이 인간이다.

하지만 변하는 세상의 가장 기본적인 원칙이다. 그것을 탓할 수 없다. 오히려 변화를 적극적으로 받아들이고 새로운 기회로 삼는 것이 바람직하다.

변화를 두려워하는 것은 경쟁자도 마찬가지기 때문이다. 누가 먼저 변화를 읽고 대비하고 새로운 기회를 찾고 사업을 일으키는가에 따라서 결과는 완전히 달라진다.

따라서 변화를 두려워 말아야 하고 그 변화를 적극적으로 해석하는 것이 우선이다. 변화는 다각적으로 진행이 된다. 한 부분만 보고 상황을 판단할 수 없다. 그래서 변화의 조각들을 맞추어 보기 전에는 전체 그림을 볼 수 없다. 변화의 추이를 알고 싶으면 퍼즐을 맞추어야만 비로소 변화가 보인다.

때로는 전문가의 도움도 필요하다. 그런 변화의 모습을 확인하며 사업의 기회를 만들고 대응할 방법을 찾아야 한다. 여기서 기회를 만든다는 것은 새로운 사업을 찾는 것이다. 또 이에 대응해서 기존의 사업을 어떻게 지켜낼 것인가도 고민해야 한다.

이 두 가지는 동전의 양면과 같기 때문에 동시에 추진해야 한다. 남 탓을 하고 있을 시간이 없다. 먼저 시작하고 대응하는 사람이 최후의 승자가 된다.

商道錄 140
고객이 있는 곳에 가라

고객이 있는 곳을 알기 위해서는 먼저 무엇을 팔지 알아야 한다. 무엇을 팔지가 명확하면 고객이 누구인지 알 수 있다. 그 다음은 고객이 많은 곳을 가야 한다. 그냥 고객만 많은 곳이 아니라 내가 팔 수 있는 고객이 많은 곳을 택해야 한다. 이렇게만 해도 절반은 성공하는 셈이다. 이 곳이 어디인지를 찾는 것은 리더의 몫이다.

이곳을 정확히 찾기란 쉽지가 않다. 운이 좋아서 찾는 경우가 많지. 정말 제대로 연구해서 찾는 경우는 드물다. 요즘은 다양한 툴이나 정보가 공개되기 때문에 예전보다 찾기 쉬워졌다. 정보 분석과 시장 분석, 그리고 기술 분석을 해보면 어느 정도 답을 얻을 수 있다.

분석을 거듭하다 보면 어디에 고객이 많은지, 어디로 가야 할 지 보인다. 또 언제쯤일지도 보인다. 고객을 아는 만큼 시장도 보이는 것이다. 다만 깊이 있게 봐야 한다. 정량이 아니라 정성적으로 봐야 한다. 그렇게 깊이 있게 보면 그 길이 보인다.

마케팅

141
변화에 저항하지 마라

변화는 외부와 내부 양쪽에서 온다. 외부 변화는 노력으로 바꿀 수 없으므로 받아들일 것인가, 아니면 거부할 것인가가 관건이다. 받아들이면 위험을 감수하더라도 성과를 얻을 수 있다. 반대로 받아들이지 않으면 결국 서서히 몰락한다. 그런데 후자도 나쁘지 않다. 변화를 감당할 수 없다고 판단되면 접는 것도 좋은 방법이다.

내부 변화는 결국 외부 변화의 영향으로 생기는 이차적 변화다. 내부 조직이나 환경이 바뀌는 것이다. 이 변화를 받아들이느냐, 아니냐는 선택이 아니라 필연이다. 외부 환경과는 다른 문제이다. 즉 내부 변화를 받아들이지 못하면 방법이 없다. 서서히 정리할 시간도, 여유도 없기 때문이다.

외부 환경 변화가 있고 내부적으로 적응을 못해서 내부 변화가 일어났다면 그때는 내부 변화를 받아들여야 한다. 저항하면 할수록 그만큼 소모적이다. 그리고 내부 변화를 어떤 시기에, 어떻게 극복할지 적극적으로 대응해야 한다.

위기는 내부에서 발생하지 외부에서 발생하지 않는다. 외부 변화는 선택이지만 내부 변화는 필연이다. 힘들고 어려워도 회피하면 안 된다. 오히려 내부 변화를 촉진하고 외부 변화를 더 적극적으로 활용, 적응하는 것이 올바른 방법이다. 변화에 적응했다고 죽지 않는다. 저항할 때 죽을 뿐이다.

商道錄 142
브랜드 정신이 필요하다

브랜드를 만들 때 가장 중요한 것은 무엇일까? 브랜드는 이름도 아니고 심볼도 아니며 그렇다고 회사의 크기도 아니다. 브랜드의 핵심은 브랜드 정체성이다. 브랜드 정체성은 브랜드가 탄생하는 과정에서 형성된 일종의 자아이다. 아이가 성장하면서 자아를 구축하듯 브랜드도 마찬가지다.

그렇다면 왜 정체성이 중요한가? 브랜드의 정체성을 통해서 그 브랜드의 독특한 개성이 발현되기 때문이다. 이렇게 브랜드가 정체성과 개성을 구축하려면 기 바탕에 정신이 존재해야 한다.

인간으로 비유하면 의식작용이다. 이런 의식작용은 그 출발이 인간의 뇌에서 이루어진다. 브랜드의 경우, 뇌의 역할을 하는 것은 창업자나 브랜드를 만든 사람, 그리고 경영자이다. 혼자서 이 과정을 차지할 수 없더라도 한 사람의 정신세계가 깊이 있게 녹아들어야 한다. 그리고 이런 사람들이 많아야 브랜드도 많아진다.

브랜드가 만들어지는 방법은 다양하다. 하지만 그 모든 바탕에는 브랜드를 유지, 발전시키는 정신이 존재한다. 그 정신의 깊이와 높이만큼 브랜드가 성장한다. 마치 의식 작용의 수준이 높을수록 인간이 더 많은 정신적 성장과 사회적 성공을 하는 것과 같다.

창업자나 경영자는 브랜드에 정신의 깊이를 더하는 일에 소홀히 하면 안 된다. 브랜드는 마치 살아 있는 생명체와 같다. 어떻게 훈련시키고 정신을 불러 넣어 주는가에 따라서 브랜드가 다르게 성장한다. 브랜드 정신이 무엇인지 정확히 알고 있어야 브랜드를 키울 수 있다.

商道錄
143

시작은 니치 브랜드이다

／

브랜드를 만들려고 마음먹으면 인지가 높은 명품 브랜드를 떠올린다. 하지만 모든 브랜드의 시작은 소박했다. 샤넬도 시작은 모자 브랜드였다. 규모가 크다고 좋은 것이 아니라 작아도 그 브랜드를 키워 갈 수 있는 브랜드 정신이 중요하다.

그래서 모든 브랜드의 시작은 니치(niche), 즉 틈새 브랜드이다. 니치 브랜드로 작지만 개성 있고 특수한 시장에서 시작하라. 그 시장이 대중화될 가능성과 만나면 세계적인 브랜드가 될 수도 있다.

예를 들어서 리복(Reebok)은 에어로빅 신발 브랜드로 작게 시작했다. 가볍고 편안한 운동화를 지속적으로 개발했고 결국은 세계적인 브랜드가 됐다. 브랜드의 역사를 보면 시작부터 크게 시작한 브랜드는 많지 않다. 브랜드는 니치 브랜드로 시작하여 카테고리 브랜드로, 그리고 산업 브랜드로, 대중 브랜드로 확장된다.

브랜드를 확장할 때마다 나름의 허들이 있고 기술과 잠재력이 요구되긴 하지만 그래도 시작은 니치 브랜드다. 시작을 해야 브랜드를 확장할 것 아닌가? 작아도 시장에서 살아남을 수 있는 브랜드로 시작하면 된다. 생존법을 충분히 배우고 나면 그 다음 단계로 갈 수 있다. 어려워 보일 수도 있지만 적어도 작은 니치 마켓에서 호응을 얻으면 충분히 가능성이 있다.

商道錄
144
추종자가 아닌 선도자가 돼라

한국도 이제 사업 환경의 변화가 매우 빠르다. 그 핵심적인 포인트가 바로 공간의 축약이다. 과거에는 공간의 거리가 넓어서 동일한 공간이 존재하지 않았다. 예를 들어서 인터넷이 있을 때와 인터넷이 없을 때의 차이를 생각해보면 실감할 수 있을 것이다.

과거에는 원하는 시간에 통화하기도 힘들고 정보를 얻기도 힘들었다. 하지만 이제는 언제든지 통화하고 정보도 얻을 수 있다. 그 만큼 공간의 축약이 이루어진 것이다.

이로써 사업 공간의 제약이 없다고 봐도 과언이 아니다. 이제 한국이라는 공간에만 의존하던 과거의 사업 모델로는 한계에 부딪힐 수밖에 없다. 과거에 경쟁자라고 여기던 대상이 이제는 다른 나라로부터 전혀 예측할 수 없이 등장할 수도 있다.

현재의 경쟁자는 눈앞에 보이는 경쟁자가 아니라 인터넷 속에서 한국을 보고 있는 이들이다. 그 경쟁자가 중국일 수도 있고 인도일 수도 있고 아니면 미국과 일본일 수도 있다. 그런 사람들이 어느 순간 기습적으로 공격하고 들어오면 막아낼 방법이 없다.

만약에 당신이 사업에서 추종자가 되면 당신은 더 빠른 추종자와 경쟁해야 한다. 게다가 당신은 그들이 언제 어느 순간에 등장할지 알 수 없다. 왜냐하면 이미 후발 추종자는 어떻게 하면 경쟁에서 이길 수 있는지 명확하게 알고 있다. 그런 상황에서 당신이 추종자의 모습만 유지하고 있다면, 경쟁자로부터 따라 잡히는 것은 시간 문제다. 반대로 선도적으로 새로운 시장을 만들면 세 가지 측면에서 효과적이다.

첫째는 남들보다 먼저 시장 진입을 하면서 후발 주자들이 들어오는 것을 지연시키는 허들을 만들어 둘 수 있다. 둘째로는 시장 진입을 통해서 사전에 규모의 경제를 만들고 개발과 원가경쟁력을 강화해서 경쟁에서 이길 수 있다. 측면이 있다. 마지막으로 초과이득을 얻고 또 다른 분야에 선발 주자로 나갈 수 있는 조직적인 여력을 확보할 수 있다. 이 세 가지 효과를 충분히 확보하기 위해서 당신이 선발주자가 되어 새로운 시장에 들어가야 한다.

그러나 이는 말처럼 간단하거나 쉽지 않다. 해보지 않았으면 할 수 없고, 리스크도 높기 때문에 주저한다. 선발주자가 되려면 리스크를 감당할 수 있어야 한다. 과거와는 다르게 이제는 리스크를 감당하는 선발 주자가 되어야 시장에서 살아남을 수 있다. 경영자의 자리는 리스크를 관리하고 감당할 수 있는 사람이 차지해야 한다.

7

창업 실행:
경영자가 되어 보라

商道錄

145
환경을 탓하지 마라

환경으로 인해서 모든 것이 결정되는 것은 아니다. 환경이 좋다고 잘 사는 나라는 드물지만 열악한 환경에서 살아남아서 최고의 국가를 이룬 곳이 더 많이 있다. 삿포로의 눈과 두바이의 사막을 떠올려보라.

비즈니스도 시장 환경이 좋다고 하여 비즈니스가 잘되는 것은 아니다. 어려운 환경에서 살아남았을 때 더 큰 경쟁력을 가지게 된다.

환경을 극복하기 위해서 노력하고 방법을 찾고 해결책을 찾는 과정에서 누구도 따라오지 못하는 경쟁력을 가지게 되는 것이다. 가장 어려운 환경이 가장 강력한 경쟁력을 만들어 낸다.

따라서 리더는 환경을 탓할 이유가 없다. 오히려 척박한 환경을 진입장벽으로 봐야 한다. 그로 인해서 경쟁자들의 진입을 막고 나름의 독점적 시장도 만들 수 있다. 어려울수록 즐겨라. 그러면 더 좋은 기회들이 생긴다.

창업 실행

商道錄 146
믿음이란 행동하는 것

/

　행동으로 보여주는 믿음이 진정한 믿음이다. 많은 사람들이 말로는 믿는다고 하지만 실제 행동할 때가 되면 주저한다. 반신반의라는 말이 있듯이 믿기도 어렵고 안 믿기도 어려울 때, 사람들이 편의상 믿는다고 말한다.
　문제는 이런 말을 전적으로 믿는 사람들이 있다는 점이다. 자신을 믿는 누군가에게 의지를 하고 싶기 때문에, 믿는다는 말을 전적으로 믿는 것으로 받아들인다.
　이는 사업할 때 경계해야 할 행위, 일순위이다. 행동하지 않는 믿음은 믿지 않느니만 못하다. 믿고 진행하다가 아니라고 판단되면 엄청난 손실을 봐야 한다. 그때라도 미련 없이 중단할 수 있으면 다행이다. 끝까지 희망을 버리지 않고 결국 절망의 순간으로까지 가게 되는 것이 보통이다.
　행동하지 않는 믿음을 전적으로 받아들이는 행위는 위험하다. 결국 그 믿음에 대한 대가를 치르게 된다. 사업이 어려울 때일수록 이런 실수를 경계해야 한다.

商道錄 147
누구와 손을 잡을 것인가

사업을 키우는 데 있어서 핵심은, '누구와 손을 잡는가'이다. 어떤 손을 잡는가에 따라서 사업의 승패가 좌우된다. 손잡은 두 손이 같은 방향으로 나아갈 때는 두세 배의 힘을 내게 되지만 반대로 나아가면 오히려 방해만 될 뿐이다.

따라서 손을 잡을 때는 신중해야 하고 평생 갈 수 있는 사람인지를 가늠하고 앞에 보이는 이익을 위해서 움직이는 사람인지 아니면 멀지만 큰 이익을 위해서 참고 갈 수 있는 사람인지를 판단해야 한다.

가장 어리석은 것은 너무 쉽게 손을 잡고 너무 쉽게 결별하는 것이다. 결정을 신중하게 해서, 결국에는 서로 다른 길로 가더라도 도움이 되는 지점까지 함께 가야 한다. 그럴 사람이 아니라고 생각되면 시작도 않는 것이 좋다. 함께 손을 잡는 것은 유리판을 맞들고 가는 것과 같다.

사업은 누군가 손을 놓으면 바로 깨어지는 유리판이다. 일시적인 필요 때문에 덜컥 손을 잡아서는 안 된다.

창업 실행

商道錄 148
상황이 항상 우리 편일 수 없다

준비된 상황이란 없다. 주어진 상황을 자신이 필요한 상황으로 바꾸는 것이 리더의 능력이다. 누구나 좋은 상황이나 시장 상황 기대하지만 그것은 꿈이다. 상황을 바꾸기 위해서 어떤 일이 선행돼야 하는지 냉정하게 분석하고 실행해야 한다.

결국 주어진 조건 안에서 최선의 선택을 할 때 상황의 반전이 이루어진다. 생각만큼 쉽지는 않지만 길은 있다. 끝까지 상황을 반전시킬 방안을 찾거나 적기를 기다리거나 아니면 상황을 반전시킬 수 있는 사람을 만날 때까지 견뎌야 한다.

환경을 탓할 게 아니라 주어진 조건을 최적화시켜 이룰 수 있는 것이 무엇인지 고민하는 것이 정상으로 가기 위해서 한 계단, 두 계단 올라가는 과정이다.

商道錄
149

많이 가지면 시야가 좁아진다

　이미 가진 것이 많은 사람은 새로운 가능성을 보지 못한다. 그러다가 모든 것을 다 잃어버릴 것 같은, 어려운 순간이 되어서야 가지고 있던 것들이 두 눈을 가리고 있었다는 것을 알게 된다. 가진 것에 집착하느라 사소한 시장의 변화를 읽어 내지 못하는 것이다.
　그런데 바로 그 순간이 새로운 시작의 순간, 자만하지 않고 욕심을 부리지 않고 시장을 바라보는 순간이다. 누구나 시장 상황이 오르락내리락 하는 것을 알고 있다.
　그러나 그것에 맞추어서 사업을 성공적으로 이끄는 사람은 드물다. 왜냐면 가진 것이 많기 때문에, 바라보아야 하는 것이 너무 많기 때문에 시야가 좁아진 것이다. 다 잃어봐야 무엇이 진실인지 거짓인지를 알게 된다. 만약 그런 상황에 처한다고 해도 좌절하지 마라. 그때부터 시작해도 늦지 않다.

商道錄 150
뿌리를 봐야 해법을 찾는다

수학 문제를 풀 때 제일 중요한 것은 문제를 바로 보고 이해하는 것이다. 적용 가능한 해법이 있는지 정확히 파악해야 답을 찾을 수 있다.

그러나 사업에서 문제를 바로 보기란 쉽지 않다. 사업의 문제는 일단 문제 자체를 이해하기가 어렵기 때문이다.

사업상 문제를 한 그루의 나무라고 했을 때 문제의 시작은 뿌리에 있다. 그런데 대개 문제의 원인인 뿌리를 보지 않고 결과인 가지만 확인을 하기 때문에 문제를 이해하지 못한다. 문제를 역으로 추적해 보면 결국은 문제의 원인인 뿌리에 도달할 수 있다. 뿌리를 찾아 내는 과정은 사소한 문제를 찾아 들어 가는 것이다. 문제가 되는 가지를 먼저 찾고 그 가지의 큰 가지를 확인하고 줄기를 확인하면서 최종적으로 뿌리까지 도달하는 것이다.

사업에서 뿌리를 찾아 가는 과정은 현금 흐름을 찾아 가는 것이다. 비용을 역추적 해보는 방법이 가장 효과적이다. 이것만으로도 뿌리를 찾아 내는 방법이라는 것을 보여준 사람이 바로 여성 최초로 휴렛팩커드(Hewlett-Packard Company, HP)의 회장을 역임한 칼리 피오리나이다. 그는 수상쩍으나 작은 비용이라서 아무도 관심을 두지 않았던 비용을 추적하면서 문제의 뿌리를 찾아냈다.

  돈은 많든 적든, 문제의 흔적을 남기는 법이다. 그것만 제대로 추적해도 문제 해결의 방향을 잡을 수 있다. 나무에서 뿌리는 영양분과 수분의 흐름을 담당한다. 사업에서는 돈이 그런 역할을 한다.

商道錄 151
경쟁의 핵심, 단순함

사업의 논리는 의외로 간단하다. 고객이 지불하는 가격보다 상품의 가치가 더 높으면 된다. 그리고 그 차이가 크면 클수록 사업의 성장속도는 빨라진다. 그러면 경쟁자를 이길 수 있고, 세계적인 상품이 될 수도 있다.

그렇다면 고객의 가치란 뭘까? 그것은 단순하지 않지만 나름의 원리가 있다. 품질이나 디자인, 성능, AS, 브랜드파워 등 경쟁자와 비교해 보면 답이 나온다. 자신의 제품을 객관적으로 볼 수 있어야 고객이 느끼는 가치가 무엇인지 알 수 있다.

그 가치를 극대화시키는 핵심은 단순함에 있다. 가치를 증대시키는 것 이외의 활동을 단순화시키면 사업의 기회는 극대화된다. 목표가 명확하고 그 목표를 위해서 가장 효과적인 길은 바로 단순하게 만드는 것이다.

반대로 문제가 많으면 복잡해진다. 모든 문제는 하나로만 드러나지 않기 때문이다. 문제는 파생되는 문제를 만들어 낸다. 시간이 지나면 문제들이 늘어나고 중첩이 되면 문제의 본질이 보이지 않게 되는 것이다. 사업이 굴러 가는 만큼 문제는 생기게 되어 있다. 마치 자동차를 오래 쓰면 여러 곳에 문제가 생기는 것과 같다. 모든 문제를 한번에 해결할 수 없다. 그래서 문제를 단순화 시켜야 하는 법이다.

문제 해결을 단순하게 하는 방법으로 가장 먼저 고려해야 할 것이 문제의 원인 자체를 없애는 것이다. 출발점을 없애면 파생되는 문제가 줄어든다. 어떤 문제든 이런 방식으로 해결할 수 있다. 다만 방법을 찾는 일을 게을리 하거나 문제를 해결할 의지가 부족하면 방법이 보이지 않는다. 평상시에 문제를 극단적으로 단순하게 보는 능력을 길러야 한다.

이렇게 해서 어렵게 문제 하나를 해결하더라도 분명 새로운 문제가 또 나온다. 그래도 지속적으로 단계별로 단순화 시키고 해결을 하면 경쟁력은 갈수록 강해진다. 지속적으로 문제를 단순화하고 해결하는 것이 사장의 역할이다.

商道錄 152
버려야 채워진다

／

　새로운 것을 쥐려면 손에 쥐고 있는 것을 버려야 한다. 마찬가지로 새로운 사업을 버리려면 기존의 사업 중에 자신과 맞지 않는 사업은 버려야 한다. 버리지 않고 새로운 것을 하려고 하면 결국 새로운 사업을 할 수 없다. 하더라도 역량의 집중이 안 된다. 기존의 사업 중 새로운 사업과 상호 도움이 되는 사업을 제외하고 이외의 것은 버려야 새로운 사업을 제대로 할 수 있다.

　사업을 재벌처럼 하려고 하면 결국 망하고 만다. 재벌은 그런 시스템을 유지하기 위해서 다양한 특혜와 부실을 유지한다. 하지만 재벌 정도의 사업을 확장할 것이 아니라면 손에 쥐고 있는 사업을 버려야 사업을 확장할 수 있다.

　새로운 것을 채우려고 하더라도 선택에 신중해야 한다. 사업은 곧 선택이라고 하는 이유는 새로운 사업을 고르는 것이 그만큼 중요하기 때문이다.

商道錄 153
꿈꾸는 만큼 이루어진다

진실한 꿈을 가지면 그 꿈을 달성할 만한 능력이 주어진다. 그렇다고 해서 모든 꿈이 실현되는 것은 아니다. 최선을 다해서 실행하려고 할 때 꿈이 이루어진다.

수많은 사람들이 진정한 꿈을 꾸지 못하고 망상을 꿈으로 착각한다. 그러면서 이루어지지 않으면 운이 없다고 생각한다. 자신이 진정으로 원하는 꿈이 무엇인지를 정확 알고 늦든 빠르든 제대로 최선을 다해야 꿈이 실현된다. 진정한 꿈을 가진 사람은 그럴 수 있는 능력을 부여 받기 때문이다.

능력이란 할 수 있는 힘이며 인간의 잠재력은 무한하다. 그 잠재력을 극대화시키는 힘이 바로 자신만의 꿈이다. 꿈을 꾸는 것은 끊임없이 준비하고 도전하고 개선하고 혁신하는 힘이다.

또 끝까지 자신을 변화시키며 이루려고 하는 힘이다. 그렇기 때문에 꿈꾸는 만큼 이루어진다. 큰 꿈은 크게 준비하고 작은 꿈은 진실하게 준비해야 한다. 사업가의 가장 큰 사명은 꿈 즉, 비전을 완성하는 일이다.

창업 실행

154
위기는 파도이다

사람은 위기에 부딪치면 두 가지 중 하나를 선택해야 한다. 위기 앞에서 포기할 것인지, 아니면 위기를 넘어설 것인지를 선택하는 것이다. 위기를 피해서 도망갈 수는 없다. 두 가지 선택 이외에는 길이 없는 것이다.

포기를 해버리면 위기를 닥치기 전까지 해온 모든 노력은 물거품이 된다. 아무리 큰 위기라고 해도 넘어갈 방법도 있고 기회도 있다. 위기의 순간에 자신을 파괴하지 않은 사람은, 위기라는 파도를 넘으면서 희망의 항해를 이어나갈 것이다.

위기를 넘어서는 방법으로 가장 좋은 것이 바로 해답을 알고 있을 만한 사람에게 물어 보는 것이다. 누구에게나 주위에 이런 사람이 있지만 활용을 하지 못한다. 혼자서 문제를 풀 수 있다는 고집 때문에 물어 보지 않는다. 고집을 꺾고 타인의 의견을 듣는 것이 위기를 넘어 서는 출발이다.

그런 다음에 위기를 넘어설 적합한 때를 기다려라. 사업은 기다림의 연속이다. 위기도 기회를 보며 기다리면서 넘어야 한다.

商道錄 155
위기가 기회라는 흔한 말

/

어떤 사업이든 어려움에 봉착하기 마련이다. 어려움이 닥치면 항상 생각해야 하는 것은 이 사업을 시작한 다른 사람들도 비슷한 어려움을 겪을 것이라는 것이다. 차이가 난다면 어려움을 준비한 사람과 그렇지 못한 정도밖에 없다.

어려움에 처했을 때는 그것이 사업의 기회라고 생각해야 한다. 어려움을 극복하면 더 많은 기회가 생긴다. 더 좋은 방법도 생기고 이것이 일종의 진입장벽을 만드는 효과도 있다. 끝까지 밀어 붙이면 더 좋은 경쟁력이 생기기도 한다.

흔한 말로 위기가 곧 기회가 되는 순간이 온다. 이 말은 사업에서도 그대로 적용된다. 극복하려고 최선을 다하는 노력과 열정이 기회를 만드는 싹이 된다. 어려움을 극복하는 만큼 기회가 생긴다.

商道錄 156
문제 속에 답이 있다

보통의 사람들은 사업상의 문제가 생기면 다급한 마음에 허겁지겁 해결해 보려고 노력한다. 하지만 사업은 순서 별로 되어 있어서 서두른다고 답이 나오는 게 아니다.

사업에서 발생하는 문제는 프로세스의 잘못에서 비롯되는 것이 대부분이다. 그 프로세스를 처음부터 다시 되짚어 보면 의외로 쉽게 답을 찾을 수 있다.

그런데 답이 하나만 존재하는 것은 아니다. 문제는 항상 점층적으로 이루어져 있다. 여러 가지 원인들이 서로 영향을 주고받으면서 형성된 경우가 많다.

그래서 주요원인을 제거하고 나면 또 다른 원인이 나타나고 원인 하나를 제거하면 또 다른 원인이 나타나는 것이다. 이런 과정을 처음부터 반복해가면서 개선해 나가면 문제가 해결된다.

그래서 사업은 프로세스와의 싸움이다. 얼마나 프로세스를 정교하게 치밀하게 만들어 내는가에 따라서 문제의 출현 빈도를 줄일 수 있다.

창업 실행

商道錄 157
마음도 정리 정돈하라

정리 정돈은 사업의 기본이다. 그리고 사업하는 사람의 마음 정리정돈이 필요하다. 마음이 정리된다는 것은 일종의 쇠가 담금질 되는 것과 같다. 불순물을 걸러 내는 담금질이 필요하다.

마음도 담금질 되면 불평이나 허망한 꿈, 기대, 미련 등 사업에 불필요한 것을 두드려서 걸러낼 수 있다. 그러면 고민과 불필요한 마음 쏨쏨이를 줄이고 사심 없이 사업을 볼 수 있다.

정리 정돈된 마음으로는 몰입하기가 쉽다. 선택해야 하는 것이 분명하기에 시간 낭비나 돈 낭비가 줄어들기 때문이다.

商道錄 158
멀리 보고 준비하라

사업을 준비할 때 멀리 보고 하느냐, 조급하게 하느냐에 따라서 마음이 흔들리는 정도가 다르다. 시작부터 적어도 5년을 계획하는 사람과 1년 안에 승부를 보려고 하는 사람은 일을 보는 시각이 다를 수밖에 없다.

멀리 보고 가야 마음이 흔들리지 않는다. 충분히 준비가 되어도 실수가 있고 시기가 안 맞을 수 있다. 시간을 두고 단계별로 진행해 가면 마음이 흔들리지 않고 조급해 지지도 않는다.

시간을 두고 하더라도 평가는 분명히 해야 한다. 그 과정에서 부족한 부분을 채워야 좋은 결과를 얻을 수 있다. 사업은 한두 해만에 끝나는 것이 아니라 죽을 때까지 아니면 은퇴할 때까지 계속된다.

159
시기마다 역할이 다르다

경영자는 창업초기의 역할과 성장 후의 역할, 그리고 위기가 닥쳤을 때의 역할, 회사를 정리할 때의 역할이 다 다르다. 모든 과정을 잘해 낼 수 있은 능력을 가진 사람은 그리 많지 않다. 시기별로 다른 역할의 경영자가 필요한 것이다. 비록 창업은 내가 했다고 하더라도 시기별로 가장 효과적인 경영자에게 경영을 맡기는 것이 좋다.

미국의 벤처기업은 성장 단계에 따라 경영자가 바뀐다. 그러면서 회사가 성장하고 초기 창업자는 창업에 대한 충분한 보상을 받은 다음 물러난다.

하지만 한국은 기업이 개인의 소유라고 생각한다. 그래서 경영자의 경영 능력에 따라 흥하고 망한다. 그래서 한국 기업의 수명은 대개 30년 이내로 제한된다. 결국 망하거나 정리되어 처음으로 돌아간다.

창업자는 창업 성공의 결과를 보상받고 기업은 영속되는 것이 좋다. 기업은 개인의 것이 아니라 사회의 것이다.

商道錄 160
조직의 문제는 리더의 문제이다

리더가 얼마나 너른 가슴으로 조직원을 품어 주느냐에 따라서 기업도 함께 성장한다. 사업의 가장 큰 장애가 바로 리더라는 것은 조직 생활을 해보면 누구나 아는 사실이다.

하지만 막상 자신이 리더가 되면 항상 먼저 생각하는 것이, '왜 직원들이 이것밖에 안 되는가?' 하는 불평이다. 문제가 자신으로부터 시작된다는 생각을 하지 못한다.

조직의 문제는 바로 리더의 문제이다. 아무리 조직원의 잘못이 크다고 하더라도 그렇게 하도록 방치한 것은 리더 본인이다.

좋은 조직원은 좋은 리더와 함께 일하고 싶어 한다. 좋은 사람들이 모여들면 어떻게 그들과 계속 일할 것인지, 어떻게 해야 성과도 내고 오래 함께 할 수 있을지를 제대로 고민해야 한다. 과거에는 시스템이 중요했지만 미래에는 시스템보다는 함께 할 수 있는 열정이 더 중요하다. 그런 열정은 리더가 끌어내야 한다.

창업 실행

商道錄
161
할 수 있는 일에서 성과가 난다

／

사람의 마음이 간사해서 필요한 일보다 하고 싶은 일에 마음이 간다. 일이 아니라 욕망을 중심에 두면 결국 시간과 노력이 소비되고 만다.

리더가 가진 가장 큰 자산은 시간이다. 이 시간을 어떻게 사용하는가에 따라서 사업의 성패가 결정된다. 작지만 눈앞에 가장 빠르게 현실화 될 수 있는 일에 집중해야 한다.

특히 작은 기업일수록 더 그렇게 하지 않으면 안 된다. 큰 꿈은 꾸어야 한다. 하지만 현실은 당장 해야 할 일은 바로 성과가 나는 일에 집중해야 한다. 꿈도 있어야 하지만 앞으로도 나아가기도 해야 한다. 먼 훗날 잔치하자고 오늘 굶어 죽을 수 없는 것이 현실이다.

그렇다고 현실만 바라봐도 안 된다. 그래서 시간 안분이 중요하다. 80대 20의 법칙처럼 80은 현실을 위하여 사용하지만 20은 미래를 위해서 끊임없이 투자하라. 경영자의 시간을 보면 그 사업의 미래가 보인다.

商道錄 162
잘못 가면 돌아오지 못한다

갈림길에 서있으면서 그 사실을 모르고 그냥 해온 방식대로 하는 리더들이 많다. 지나고 보면 그게 갈림길이었다는 사실을 깨닫는다. 그때는 돌아가기엔 너무 늦었다. 무엇이 갈림길인지 알아야 하고, 그 선택의 순간에 여러 가지 생각을 하면서 선택을 해야 한다. 신중하게 선택하지 않으면 결국 되돌아 갈 수 없는 상황이 생긴다.

창업 초기일수록 갈림길이 많이 나타난다. 마치 살얼음판 걷는 것 같다. 그러다가 사업이 조금씩 굴러 가기 시작하면 선택의 폭을 넓어진다. 그러나 그때는 판단할 시기를 놓쳐버리는 경우가 생긴다.

갈림길에서 내리는 판단을 전략적 선택이라고 한다. 이 선택의 정확성이 바로 사업의 향배를 결정한다. 때로는 급성장을 하기도 하고 때로는 몰락의 길을 가기도 한다. 현명한 경영자란 이럴 때 어느 길을 갈지를 아는 사람이다.

창업 실행

商道錄
163
미쳤다는 말을 들어야 성공한다

미치지 않았다면 사업가가 아니다. 어느 정도 궤도에 오른 사업가가 자신은 한 번도 실패하지 않았다고 하면 그것은 거짓말이다.

사업가는 항상 실패한다. 다만 일시적으로 성공할 뿐이다. 계속 자기 혁신을 하지 않으면 실패하고 잠시만 쉬어도 쓰러지고 힘이 부족하면 올라가다가 쓰러진다. 마케팅과 기술의 오른발 왼발이 맞추어 가지 못해도 쓰러지고 재무와 인사 관리라는 핸들의 방향을 잘못 잡아도 쓰러진다. 그래서 미치지 않으면 이렇게 힘든 사업을 할 수 없는 것이다.

밥을 먹고 살기 위해서 사업을 한다면 욕심이다. 돈을 벌어서 폼을 내려는 것은 허상이다. 사업가의 진정한 면모는 쓰러졌을 때 나타난다. 다시 일어서려는 의지와 열정이 없으면 일어설 수 없다.

이런 모습을 본 보통의 사람들은 미쳤다고 한다. 왜 사서 고생을 하느냐고 하면서. 만약에 그런 소리를 들었다면 이제 사업을 하다가 쓰러져도 일어설 수 있다고 인정받은 것이나 다름없다.

　사업가는 자신의 사업을 위해서 시간과 노력 그리고 자신의 귀중한 것들을 바꾸는 사람이다. 자신의 가장 중요한 것들을 버려 가면서 해야 하는데 미치지 않고 성공할 수 없다.

商道錄 164
내 스타일부터 알아야 한다

사업은 종류에 따라서 꾸준히 진행해야 하는 것이 있고 재치 있게 치고 빠져야 할 것이 있다. 자동차나 조선 화학 산업과 같이 중후 장대형 사업은 오래 버티고 꾸준히 연구 개발해야만 가능한 사업이다. 하지만 무역업이나 유통은 치고 빠질 수 있는 임기응변에 능해야 잘할 수 있다.

사업가는 자신의 재능과 스타일을 알아야 한다. 끈질기게 물고 늘어지면서 연구개발을 할 수 있는, 엉덩이가 무거운 사람은 중후 장대형 사업이 적합하다. 만약에 이런 사업이 규모가 커서 혼자서는 힘들다면 외주 기업이라도 하면 된다.

똑같은 일을 꾸준히 할 자신이 없는 사업가라면 무역업, 유통업처럼 치고 빠지는 사업을 해야 한다. 때론 패션 사업과 같은 경공업 사업도 괜찮다.

이렇게 사업마다 그 사업에 맞는 사업가가 있다. 그 출발은 바로 사업가의 스타일이다. 따라서 자신이 어떤 성격의 소유자인지 분명히 알아야 한다. 사업도 경영자의 스타일과 맞아야 성공한다.

商道錄 165
생각이 흐트러지면 사업도 흐트러진다

사업을 시작할 때는 사업에만 몰두해야 한다. 가족도 생각하고 연인도 생각하고 과거의 동료, 주변 선후배까지 생각하면 그 사업은 흐트러진다. 사업가는 사업을 중심에 두고 생각이나 관계를 정리해야 한다.

누구를 만나면 내 사업과 무슨 연관성이 있을지 고민해야 하고 관련된 사업에 대해서 잘 아는 사람을 만나면 지금 하고 있는 사업이나 해야 할 사업에 생길 수 있는 문제점이 무엇인지 물어봐야 한다. 생활의 중심이 사업에 있어야지 그렇지 않고 취미나 인간관계에 있으면 사업은 그저 부수적인 놀이가 된다. 그런 사업은 분명히 오래가지 못한다.

사업에 중심이 맞추어져 있는지 아닌지를 알아보는 가장 간단한 방법은 시간을 사용하는 비중을 체크하는 것이다. 사업에 쏟는 시간이 전체 시간의 50% 이하라면 생각이 흐트러진 것으로 봐야 한다. 70% 이상이 사업에 집중되어 있어야 생각이 흐트러지지 않는다. 생각이 흐트러지는 만큼 사업도 빠르게 어려워진다.

  사업가의 시간은 사업가 개인의 것이 아니라 사업의 일부이다. 그래서 사업에서 벗어나야 제대로 쉴 수 있다. 외국의 성공한 경영자가 가족을 위해서 은퇴한다는 말을 하는 것은 그만큼 사업에 몰두했기에 가능한 일이다.

商道錄 166
최선을 꿈꾸고 최악에 대비하라

누구나 최선을 꿈꾸며 사업을 한다. 하지만 최선은 잘 되었을 때나 가능한 것이다. 최악의 경우도 왕왕 발생하는 것이 사업이다. 최악은 피한다고 되는 게 아니라 대비해야 막을 수 있다. 사업가는 항상 이 두 가지 관점을 견지해야 한다.

무슨 사업이든 최악의 시나리오, 보편적 시나리오, 최선의 시나리오 세 가지를 짜고 그 문제점들을 미리 준비하고 연습해야 한다. 예를 들어서 최악의 시나리오란, 수주를 받는다고 가정했을 때 현재 받은 수주 내용만 반영하는 것이다. 최선의 시나리오라면 현재 받은 수주에 예상할 수 있는 수주나 상담 중인 수주를 모두 포함시킨다. 그러면 그 중에 실패하는 것도 있고 성공하는 것도 있다. 이렇게 만들어 보면 가장 최상의 상태가 어떤 상태가 되는지 알 수 있다. 보편적 시나리오는 최선과 최악의 중간쯤이다.

최선과 최악의 시나리오를 짜보면 보편적 시나리오가 정

립된다. 그 기준으로 사업을 기획하고 진행하면 효과적이다. 최선과 최악의 어느 중간 지점에 항상 사업은 움직이고 있다는 사실을 항상 기억해야 한다. 사업은 최선으로 하는 것이 아니라 최악을 대비하는 것이다.

제대로 된 질문을 준비하라

　창업 초기에는 특히 많은 조언이 필요한데 기술부터 시작하여 시장에 이르기까지 조언의 종류는 다양하다. 혼자 독불장군처럼 자기주장을 펼치면 스스로 불구덩이로 가는 것과 같다. 그러므로 조언을 구하는 방법을 제대로 알아야 한다.

　조언을 구할 때는 제대로 된 질문부터 준비해야 한다. 질문의 리스트를 만들고 전문가들에게 조언을 구하는 것이 좋다. 그러나 내 질문에 부합하는 답이 한 번에 나온다고 생각하면 안 된다.

　여러 사람을 만나서 물어 보면 전문가들의 조언은 다 다르다. 다양한 의견을 들으면 나름의 판단이 생기는데 이때부터 사업의 방향을 정할 수 있다.

　사업 초기에 제대로 된 조언을 얻으면 오랫동안 크게 영향을 미친다. 예를 들면 90년대 초에 사업을 시작한 사업가가 선배로부터 조언을 들었다. 어떤 경우에도 은행에서 돈을 빌리지 마라는 조언이었다. 사업의 성격상 돈을 빌릴 필요가 없으니 되도록 은행에 가지 마라는 것이었다. 그 조언을 철저하게 지켰더니 IMF의 위기 속에서도 살아남을 수 있었다.

　이렇게 제대로 된 조언을 들으면 그것을 실천하는 것만으로도 사업에 큰 이익이 된다. 제대로 된 조언은 제대로 된 질문에서 나오는데 질문거리는 결국 내가 내 사업을 잘 알고 있어야 만들어낼 수 있다. 자신의 사업을 제대로 모르면 제대로 된 질문조차 할 수 없다는 것을 명심해야 한다.

商道錄
168
문제를 찾으려면 불을 밝혀라

／

문제가 발생하면 일단 그 문제를 드러나게 만드는 것이 중요하다. 그래야 해결책도 찾을 수 있다. 기술이 고도화 된다는 의미는 문제의 원인을 명확하게 드러내고 해결 방안을 찾아낸다는 뜻이다. 하나의 문제는 사실 하나가 아니다. 일종의 컴퓨터 버그처럼 수없이 많은 문제가 연결되어 존재한다.

확률적으로 드러나는 시기나 빈도에서 차이가 날 뿐이다. 드러나는 빈도별로 문제를 해결하면 최종적으로 마지막 남은 문제까지도 해결이 가능하다. 이렇게 문제를 줄여나가면 그만큼 성공확률이 올라간다.

문제해결의 출발은 문제를 드러내는 것이다. 주위를 밝히면 어두워서 보이지 않던 문제들이 보이기 시작한다. 하지만 그렇게 하는 데는 비용이 많이 드는데 이 또한 감수할 수 있어야 한다.

사실 경영에서 말하는 수익이란 문제해결 비용과 해결 후 발생할 수 있는 수익의 차이이다. 비용 때문에 문제를 당장 해결할 수 없다면 경제성이 확인되는 시점에 가서 해결하면 된다. 그런데 이렇게 하면 문제를 아는 것과 문제를 해결하는 시점이 차이가 난다. 결국 문제를 드러내는 게 먼저다. 해결 시점은 비용을 지불할 능력에 따라서 결정된다.

商道錄 169
꼭 해야 하는 일이 먼저다

하고 싶은 일과 해야 하는 일이 일치한다면 그 사람은 행복한 사람이다. 하지만 대부분의 사람들은 하고 싶은 일과 해야 하는 일이 다르다. 그럼에도 사업을 하다 보면 하고 싶은 일이 등장하는 경우도 많다. 그렇게 시작한 사업 중에 대다수가 실패한다. 어느 정도 성공했고 그 분의 전문가로 열심히 공분한 사업가라고 해도 실패하기 쉽다.

가장 근본적인 이유는 하고 싶은 일로 사업을 하더라도 해야 할 일이 있기 때문이다. 해야 할 일을 하지 않기 때문에 사업이 어려워진다.

예를 들어서 가장 하고 싶은 일이 여행이라고 해서 여행사를 차렸다고 하자. 여행사를 운영하려면 회계도 알아야 하고 산업도 분석해야 하고 직원도 관리해야 한다. 소비자의 클레임에도 대응을 해야 한다. 분명 여행을 하고 싶어서 시작한 사업인데 하고 싶은 일보다 해야 하는 일이 더 많다. 그러므로 해야 할 일을 제대로 해야 좋아하는 일로도 사업에 성공할 수 있다.

어떤 일을 좋아한다는 것은 그 일의 전부가 아니라 일부만 좋아하는 것이다. 하지만 사업에서 좋아하는 일은 전체의 20%도 안 된다. 나머지 80%는 좋아하지 않지만 꼭 해야 하는 일이다. 그래서 하고 싶은 일이 있다면 무조건 시작하는 것이 아니라 사업의 가능성을 철저하게 조사하고 연구해야 한다. 해야만 하는 일에 대응할 준비가 되었을 때 비로소 사업을 시작해도 된다.

商道錄 170
오만하면 100% 망한다

사업가는 오만하면 안 된다. 고객에게도 오만하면 안 되지만 직원, 거래처, 심지어 경쟁자에게도 오만하면 안 된다.

오만함은 종종 자신감으로 혼동된다. 하지만 자신감과 오만함은 다르다. 자신감 있는 사람은 자신의 부족한 면을 알고 그 부분을 보완하고 극복하고자 하는 의지가 있다.

하지만 오만함은 부족한 면에 아랑곳 않고 다른 사람들에게 자신을 드러내는 태도를 지칭하는 것이다. 오만함과 자신감의 차이는 바로 자신의 문제를 인식하고 있는가 하지 못하는가의 차이이다.

그래서 오만하면 100% 망한다. 자신의 부족함을 메울 수 없기 때문이다. 메울 수 있는 기회나 시간이 사라지면 그때는 아무리 노력해도 극복하기 힘들다. 또 오만한 사람이 힘들어 해도 누구도 도와주려고 하지 않는다. 모두 지켜보기만 하면서 언제 망할지 계산만 한다. 그러다가 망하면 그럴 줄 알았다고 하지 아무도 안타까워하지 않는다.

사업가들 중에 이런 실수를 저지르는 사람들이 많다. 사업가는 겸손하고 항상 문제를 찾고 개선하면서도 자신감을 잃지 않아야 된다. 문제가 많으면 자신감을 잃을 수도 있다. 하지만 차라리 오만한 것보다는 자신감이 없는 사람이 낫다. 적어도 문제를 알기 때문에 해결은 할 수 있다.

商道錄 171
의심스러우면 조사하라

비즈니스 프로세스를 개선하는 가장 효과적인 방법은 컴퓨터 프로그램 버그를 잡는 방법과 같다. 프로그램을 계속 돌려 보면 버그가 보인다. 일단 버그가 잡히면 그 버그를 끝까지 확인해 봐야 한다. 그러면 문제의 근원이 보인다.

비즈니스에서는 의심이 가는 문제가 있으면 끝까지 차근차근 확인하면 문제의 뿌리가 무엇인지 보인다. 조금이라도 의심가면 꼭 끝까지 찾아 봐야 한다. 왜 사업가가 편집광이 되냐면 바로 이런 문제를 끝까지 봐야 하기 때문이다. 그렇게 보이 않으면 의심스러웠던 문제들이 사고나 불량 또는 재난으로 이어진다.

대부분의 경우 사업가의 의심은 정확하다. 다만 그 의심을 끝까지 찾아 근원을 파고드는 사람이 있고 그것이 귀찮아서 적당히 하고 마는 사람이 있다. 파고드는 범위는 산업의 특징에 따라서 다르다. 특히 기술 관련된 비즈니스 하는 사람은 끝까지 파고들어야 문제가 해결된다.

왜 식스 시그마(six sigma) 운동을 했는가 조사를 해보면 결국 문제의 근원을 해결해야만 불량이 줄어든다는 사실을 알았기 때문이다. 깊이 있게 조사하면 더 좋은 방법들을 찾을 수가 있다.

사업가는 언제나 의심 가는 것을 끝까지 뒤지겠다는 각오가 되어 있어야 한다. 그래야 미래의 재난이나 손실을 막을 수 있다. 그런데 이렇게 하기가 쉽지 않다. 하지만 이렇게 하지 않으면 일시적으로 성공할지 몰라도 지속적으로 성공하기 어렵다. 사업은 변수가 많기 때문에 그 변수를 제대로 확인하지 않으면 재앙이 닥치기 마련이다.

商道錄 172
깃발을 바로 세워라

옛날 전쟁영화나 드라마를 보면 적군의 깃발을 빼앗거나 부러뜨리면 전세를 휘어잡는다. 그것은 단순히 깃발이 가지는 상징성 때문이 아니라 바로 깃발이 가지는 목적성 때문이다.

깃발은 공격과 후퇴의 선두에 서있다. 어느 방향으로 전진할지를 결정하는 것이기에 만일 깃발을 빼앗거나 부서지면 군대는 방향을 잃어버린다. 그렇게 되면 전쟁 중에 아군이나 적군은 대혼란에 빠지고 깃발을 빼앗긴 쪽은 전쟁에서 지게 된다.

사업에서도 깃발이 중요하다. 사업에서의 깃발은 바로 비전이다. 비전이 바로 세워져 있으면 그 길로 나아가면 된다. 힘들어도 그 길로 가면 사업의 성공 가능성이 높아지고 흔들리지 않는다.

비전을 잘못 세우거나 경영자가 마음대로 쉽게 바꾸면 조직은 혼란에 빠지고 어디로 가야 할지 방향을 잃어버린다.

비전을 바로 세울 수 있어야 하고 그것을 지켜 낼 수 있어야 하는 것이다. 그것은 전적으로 리더의 책임이다.

리더가 세운 비전에 조직원들이 따라간다. 그리고 그 깃발이 쓰러지지 않도록 리더가 스스로 신념을 가지고 지켜나가야 한다. 시장 환경이 조금 불리하다고 마음대로 비전을 바꾸면 기업은 방향을 잃어버린다. 세울 때도 잘 세워야 하지만 세워진 깃발도 끝까지 잘 지켜나가야 한다.

商道錄 173
지형을 이용하라

전쟁에서 효과적으로 방어를 하거나 공격을 하려면 고지를 장악해야 한다. 고지에서는 아래를 바라보고 공격을 할 수 있기 때문에 방어가 쉽다. 또 적을 계속해서 몰아넣으며 쉽게 공격을 할 수 있다. 당연히 그만큼 효율적이다.

지형지물을 이용한다는 말은 자신이 유리한 위치에서 경쟁을 하겠다는 말이다. 유리한 위치를 가진다는 말의 의미는 노력이나 비용을 들이지 않고 그 위치를 확보한다는 뜻이다.

사업에서 가장 유리한 지위는 바로 연대이다. 즉 상호 협력이 가능한 타기업이 있다면 강력한 연대가 가능하다. 그래서 카르텔을 형성하고 있으면 단순 경쟁자와 경쟁에서 유리하다.

카르텔은 일종의 폐쇄적 이익집단인데 이 카르텔의 이익을 통해서 그 속에 속한 기업들은 서로의 지위를 보장받는다. 이 카르텔에 들어가느냐 못하는가에 따라서 완전히 경쟁 양상이 달라지는 것이다.

또 다른 형태는 상권이다. 어느 지역 상권에 속해 있느냐하는 것이다. 세분화된 상권에 자리를 잡으면 대기업이라 해도 함부로 들어오지 못한다. 이런 상권은 대기업이 공격해서 잡아먹기는 너무 작고 공격을 안 해도 크게 손해 보는 시장이 아니기 때문이다. 생태학적으로는 니치(niche) 포지션을 잡는 것이다.

생태학에서 사용한 니치라는 개념은 마케팅 분야에서도 사용됐다. 니치 마켓이란, 특정 종이 특수한 환경에서만 생존하는 것을 말한다. 하나의 예로 코알라는 유칼리잎만 먹고 산다. 그런데 이 잎에는 독성이 있다. 다른 초식동물들은 유칼리잎을 먹지 못한다. 독성을 해소하지 못하면 코알라도 생존할 수 없다. 그래서 코알라는 하루 중 대부분의 시간을 잠을 자며 보낸다. 해독을 위해서 잠을 자는 것이다. 비활동적이지만 먹이 경쟁을 하지 않아도 되는 상섬이 있다.

이와 같이 니치 포지션을 찾아내고 집중하면 생존법을 찾아내고 경쟁에서도 유리해진다. 공격이 들어올 때는 방어하기 좋은 위치를 잡거나 경쟁 자체가 안 되는 위치를 선점할 수 있다. 응용 가능한 지형지물을 최대한 활용하는 것이다.

경쟁해서 이길 수 있든 경쟁을 피하든 니치 포지션에 있어야 한다. 그래야 사업을 오래 할 수 있고 성공하는 데 기반을 만들기 쉽다.

商道錄

174
즐겨야 성공한다

／

사업의 성격에 따라서 그 사업에 적합한 성격이 다르다. 창의적이고 열정을 가진 사람은 기술 개발 사업에 맞다. 스스로 즐길 줄 알고 다른 사람과 호흡하기를 좋아하는 사람은 문화 사업이나 콘텐츠 사업을 하는 것이 좋다.

실제 콘텐츠를 만드는 작가들은 사업가들과 성격이 다르다. 콘텐츠를 만드는 작가들은 섬세하기 때문에 이들이 잘 어울리게 만들어 내는 힘을 가진 사람이 콘텐츠 사업을 하면 잘 맞다.

또 사람들에게 말을 하는 것을 즐기는 사람은 장사에 적합하다. 혼자서 집중하기를 좋아하는 사람은 개인 작업장을 가지고 제품을 만들어 내는 일을 하는 것이 좋다.

다양한 사람들의 성향처럼 다양한 사업들이 존재한다. 그러니 자신의 성격에 맞는 사업인지를 고민해야 한다. 그리고 그 사업이 자신의 성격에 맞는다면 어려움이 있어도 즐길 수 있어야 한다. 사업하면서 쉽게 스트레스를 받으면 오래 할 수 없다. 사업을 즐길 수 있을 때 힘도 나고 어려움을 견딜 수 있다. 목표 의식이나 책임감보다는 즐길 수 있어야 오래 하고 성공하기 쉽다.

175
모든 일을 잘할 수 없다

사업가는 완벽을 추구한다. 직원에게도 완벽하게 보여야 살아남는다고 생각한다. 하지만 세상의 어떤 사업가도 완벽할 수 없다. 세계적으로 유명한 사업가도 인간적인 면뿐만 아니라 사업의 영역에 있어서도 불완전한 면이 존재한다. 그래도 나름의 성공을 거둔다.

따라서 리더 자신에게도, 직원에게도 완벽하기를 강요하면 안 된다. 완벽하려고 노력은 해야 하지만 강요는 안 된다. 부족하게 보여도 지속적으로 고치는 것이 더 중요하지 그것으로 문제 삼거나 압박하면 안 된다.

숨쉴 구명이 있어야 사업을 오래 할 수 있다. 완벽에 집착하는 사람은 사업이 아니라 학문을 하는 것이 맞다. 사업은 물처럼 흘러야 하고 새처럼 날아야 하고 구름처럼 떠돌아 한다. 그러다 보면 분명 틈이 존재한다. 그것마저도 자신의 영역으로 받아들일 때 사업에 여유가 생기는 법이다.

연습을 많이 하면 운이 따른다

사업가들은 '운칠기삼'이라는 말을 많이 쓴다. 이 말의 의미는 운이 7할이고 개인적인 노력이 3할로 그만큼 운이 중요하다는 뜻이다.

여기서 말하는 운의 핵심은 바로 환경이다. 즉 준비가 되어 있다고 하더라도 환경이 받쳐주지 않으면 선전하기 힘들다. 그래도 가만히 있기보다는 무엇인가 더 하면 운이 따라오지 않을까 생각하게 되는데 그럴 때 필요한 것이 바로 연습이다.

연습 즉, 다양한 훈련이나 반복을 통해서 준비가 갖춰지면 질수록 운이 더 좋아진다. 사람을 만나서 더 좋은 기회를 얻기 위해서도 그 사람을 분석하고 이해하는 훈련을 해야 한다. 또 새로운 사업을 기획한다면 계속 기획서를 작성하고 빠진 부분이 없는지 확인하고 전문가에게 물어봐서 보충하고 하라. 그러면 운이 따라온다.

만약에 운의 비중이 9할이라면, 준비만 잘해도 비중을 5할로 줄일 수 있다. 미래는 모르는 것이니 5할은 운에 맡길 수밖에 없다.

하지만 5할이면 두 번 시도하면 한번은 성공할 것이고 3번 시도하면 적어도 분명히 한 번 이상은 성공할 수 있다. 운을 높이는 방법은 바로 성공 확률을 높이는 작업이고 그것은 정보의 확인과 준비에 달려 있다.

商道錄 177

바꿀 수 없는 일에는 신경 쓰지 마라

사업을 하다 보면 노력으로 바뀌는 일이 있고 바꿀 수 없는 일이 있다. 법이나 제도 세금 문제 등은 노력으로도 바꿀 수 없다. 아무리 노력해도 변화를 일으킬 수 없는 일에 매달리면 힘만 든다.

가장 힘든 사업 중에 하나가 바로 법을 바꾸어야 제대로 할 수 있는 사업이다. 지인 중에 한 사람은 환경에 관한 법을 바꾸어야 진행되는 사업에 수백억을 투자해서 기술을 개발하고도 결국은 망했다. 법이 바뀌기 전에 기술 개발부터 한 것이다.

기술로 법을 바꾸려고 노력하면서 세월을 보냈는데 시간이 너무 오래 걸렸고 그 회사는 망했다. 그런 것을 보면 노력으로 바꿀 수 없는 일에 도전하는 것은 많은 희생을 치러야 하는지 알 수 있다.

사업은 단기간에 확실히 효과를 볼 수 있는 부분부터 시작해야 한다. 그래야 과도한 투자나 시간 또는 사업가의 자산

낭비를 막을 수 있다. 자신의 능력을 과대평가해서 바꿀 수 없는 일에 최선을 다하며 할 수 있다고 생각하면 큰 착각이다. 그런 일에 매달릴 시간에 할 수 있고 결과가 나오는 일에 집중해야 한다.

商道錄
178

한두 번 시도하고 결과를 바라지 마라

/

　무슨 일이든 마음이 급하면 서두르게 된다. 고작 한두 번 시도해 보고는 결과를 기대하는 것도 그래서다. 결과가 나오지 않으면 남의 탓을 하거나 아니면 포기한다. 쉽게 답을 얻으려고 하기에 쉽게 포기하고 실망하고 남 탓을 하는 것이다. 한번 시도를 했다면 적어도 열 번, 스무 번, 결과를 볼 때까지 해야 한다.
　서너 번쯤 시도하고 진전이 있으면 길이 보인다. 만약에 아무런 변화도 없다면 방향을 잘못 잡은 것일 수 있다. 그래서 초기에 방향을 잡는 것이 중요하다. 방향이 잡혔다면 시도를 꾸준히 하면서 결과를 지켜봐야 한다.
　조금씩 좋아진다면 계속 시도하라. 그렇다고 해도 한두 번의 시도로 좋은 결과를 얻는 것은 불가능하다. 오히려 그런 일은 분명 함정이 있기 마련이다. 차츰 결과가 좋아지는 일이라면 끝까지 밀고 나갈 때 좋은 결과를 얻을 수 있을 것이다.

중요한 것은 끊임없이 반복하는 숙련의 과정, 경험의 과정이다. 이것이 바로 기술이나 경영 노하우의 축적이다. 그 과정 하나 하나를 주의 깊게 봐야 한다.

사업은 결과보다 더 중요한 것이 과정이다. 과정이 안정되면 일시적으로는 결과가 좋지 않아도 지속할 수 있지만 과정이 제대로 안정이 안 되면 일시적으로 좋아도 지속할 수 없다. 끊임없는 시도를 통해서 과정을 배우라. 동시에 조급한 태도는 버려라.

商道錄 179

문제에 답이 없을 때

앞에서 문제 안에 답이 있다고 했다. 그럼에도 답이 없을 때는 세 가지를 생각해보라. 첫째는 문제가 정확히 무엇인지 모르는 게 아닌가? 둘째는 문제는 대충 아는데 답을 찾기를 게을리 하지 않았나? 셋째는 답을 찾았지만 그것을 실행할 수 없기 때문이 아닌가? 아마 실행을 위해서 무엇인가를 버려야 하기 때문에 하지 못하는 것일 확률이 높다.

모든 문제는 답이 있다. 문제란 답이 있기에 존재한다. 아무 답도 없는 문제는 문제가 아니다. 다만 그 문제를 세대로 해석하고 정확히 읽어 내는 훈련이 필요하다. 문제를 정확히 이해하면 답은 의외로 쉽게 나온다. 콜럼버스의 달걀과 비슷한 경우가 많다.

답을 찾은 다음, 바로 그 문제를 해결하는 실행에 들어가야 한다. 답을 찾아도 막상 해결을 하려고 나서면 걸리는 것들이 많다. 때로는 비용으로, 때로는 사람으로 인해서 실행이 어렵다. 무엇을 버려야 할 때도 있다.

그럴 때는 결단이 필요하다. 문제를 끝까지 해결하기 위해서 손해를 보더라도 해결하겠다는 결단이 필요하다. 그렇게 실행까지 끝나야 문제가 해결된다.

문제의 답을 찾는 것보다 진정으로 어려운 것은 버리는 결단이다. 그게 명예일 수도 재산일 수도 있고 시간이나 관계일 수도 있다. 그런 결심이 서야 문제가 해결된다.

180
직관을 믿어도 좋다

어느 정도 전문가가 되고 나면 한번 보고도 문제가 무엇인지 안다. 이는 직관이 발달해서이기도 하고 경험이 많아서이기도 하다.

오랜 기간의 숙련과 노력 후에 얻은 직관이라면 믿어도 좋다. 나이가 들수록 좋아지는 것 중 하나가 바로 직관이다. 상황파악이 빨리 된다. 누가 어떤 생각으로 이런 상황을 유도했는지 알 수 있다.

그런데 일에 대한 직관은 오랜 실무 경험이 필요하다. 단순히 나이 들어서 되는 것이 아니라, 오랜 연마가 필요한 것이다. 사람과 일에 관한 직관이 생기면 그때는 그것을 믿어야 한다. 그렇게 하면 판단도 빠르고 의사결정에 힘이 실린다.

하지만 직관으로 아는데도 상황과 관계자들의 의견에 의지를 하면 망하기 쉽다. 상황이나 관계자가 훈수를 둘 수는 있어도 그 판의 승부를 가르지는 못한다. 그러기에 자신의 직관을 믿고 가야 할 때가 있다.

이 방법으로 한두 번 성공하고 나면 전적으로 직관만 믿는 사람도 있다. 그때는 환경이 바뀌는 것을 잊지 말아야 한다. 환경 변화에 따라서 직관도 나름의 변화를 거쳐야 한다. 오늘 적중한 직관이 10년 후에도 적중한다는 보장이 없다. 그러니 항상 변화를 염두에 두고 직관을 갈고 닦아라. 이는 사업가가 의지해야 할 가장 중요한 자산이다.

商道錄
181
절대로 제물이 되지 마라

사업하다 보면 좋은 게 좋다고 대충 넘어가고, 심지어 내가 남의 제물이 되어도 그냥 넘어가려고 하는 때가 있다. 아직 힘이 없어서 그렇다고 자책을 하고 운이 없어서 그렇다고 하면서 어물쩍 넘어간다.

그런데 내가 남의 제물이 되었음에도 그냥 넘어가면 다음에 똑같은 일이 또 벌어질 수 있다. 한번 그런 일을 당하면 자신도 기억하지만 주변에 있는 사람도 기억한다. 비슷한 상황에 놓이면 또 다시 희생하기를 강요 받는 것이다.

사람들은 자신이 비겁해지기보다 타인이 희생하기를 원한다. 특히나 사업의 세계에서는 더욱 심하다. 그 대표적인 경우가 한번 가격을 깎아주기 시작하면 더 깎아 달라고나 하지, 형편이 어려울 것이니 값을 더 쳐주겠다고 하는 경우는 정말 드물다.

자신의 희생을 통해서 무엇인가 개선될 것이라고 기대하면 안 된다. 오히려 그것에 저항하고 싸울 수 있어야 한다. 부당한 것을 받아들이기 시작하면 나중에 더 많은 부당함이 몰려온다는 사실을 먼저 이해해야 한다.

이럴 때 저항을 하면 남들도 그 저항을 기억한다. 부당한 요구를 하려다가도 저항이 두려워서 그만둔다. 그러니 제물이 되면 그 다음엔 나의 의지를 분명하게 표명해야 한다. 그냥 받아들이면 더 어려운 일이 닥친다. 세상 일이 내 마음과 같이 되지 않음을 기억하라.

서로의 이해를 구하는 것도 진정으로 소통하는 경우라면 몰라도 사업하는 관계에서는 기대하기 어렵다. 특히 대기업과 거래에서는 더욱 그렇다. 대기업에 종속되어 제물이 되어서는 안 된다. 그럴 조짐이 보이거든 차라리 대기업과의 거래를 중단하는 것이 좋다. 저항이 미래에도 영향을 미친다는 것을 이해해야 한다.

商道錄 182
보기 싫은 것을 먼저 보라

사업가도 사람이라서 좋은 것만 보려고 하거나, 듣고 싶은 것만 들으려고 한다. 험한 꼴, 쓴 소리는 보지도 듣지도 않으려고 한다.

사업가가 집중해야 하는 부분이 가장 효율이 낮은 부분이다. 고객의 쓴 소리 일수도 있고, 직원들의 불만일 수도 있다. 품질 문제로 인한 하자일 수도 있고 재무적인 취약일 수도 있다.

사업상의 문제는 바로 그런 부분에서 일어난다. 누구나 보려고 하고 들으려고 하는 부분에서 문제가 발생하지 않는다.

사업을 잘하려면 마음을 굳게 먹고 보기 싫은 곳부터 들여다봐야 한다. 가장 험한 꼴을 정면으로 대응하라. 그런 부분을 정리하고 해결해야 또 다른 곳이 보일 것이다. 그러면 또 그 부분을 수정하라. 또 잘 나가는 부분이 있으면 다른 곳이 피해를 입기 때문에 사업상의 밸런스가 깨진다.

사업에서는 모든 부분이 좋을 수 없다. 항상 부족한 부분이 존재한다. 그런 부족한 부분을 먼저 해결해야 한다. 경영자가 가장 먼저 봐야 하는 부분이 그런 부분이며 그 부분을 해결해 나가는 것이 성공의 계단을 하나 하나 올라가는 것과 같다.

商道錄

183
활을 쏴야 참새라도 잡는다

활을 쏘지 않고 시위만 당기고 있으면 안 된다. 활은 쏴야 무엇이라도 잡는다. 환경이 안 좋아서 호랑이 잡으려던 활이 토끼를 겨눌 수는 있다. 하지만 시위를 잡고 시늉만 하면 곤란하다.

사업가는 결정을 미루는 것보다 차라리 결정을 내려서 손해 보는 것이 더 낫다고 한다. 실패를 하면 그 실패의 경험과 더 큰 실패를 막을 수 있지만 그저 시위만 당기고 있으면 시간만 허비한다. 불투명한 상황이라면 작게라도 시도하는 것이 좋고 명확한 상황이라면 사업의 운을 걸어도 좋다. 작은 시도를 쌓아서 큰 결정의 결점을 보완해 가는 것이 현명한 방법이다.

큰 기업은 크게 시작할 수 있지만 작은 기업은 시작이 어렵다. 그래서 활을 쏘더라도 활이 부러지게 하면 안 된다. 자신이 감당할 수 있는 수준까지 시도해야 한다.

기업에서는 그 시도의 범위는 바로 순이익이다. 10%의 이

창업 실행

익이 나는 업체는 매출의 10% 정도의 시도를 해봐도 된다. 수익이 손익을 넘기지 못하고 적자만 나면 먼저 수익을 올리는 조처가 필요하다. 집중해서 이 부분의 개선을 해나가야 한다. 그러다 보면 수익이 생기고 그 수익으로 다른 시도를 할 수 있다. 어떤 상황에서도 시도하지 못할 것은 없다.

184
발표력을 길러라

한국의 사업가와 미국의 사업가가 가장 큰 차이를 보이는 분야가 있다. 바로 자신의 사업 모델에 대해서 설명하는 능력이다. 한국 사업가의 설명을 들으면 사업의 핵심이나 내용이 무엇인지 구분이 잘 안 된다. 일단 내용이 복잡하고 항상 여지를 남겨 두면서 설명하기 때문이다. 반면에 미국 사업가들은 명확하게 설명한다.

왜 이런 차이가 있을까 생각을 해보니 이유가 있었다. 한국 사람은 사업을 개인적이라고 생각해서 남들에게 발표하거나 소개하는 것을 꺼린다. 서비스나 제품을 소개해도 사업모델을 자세하게 소개하지 않는다. 이는 그만큼 자신의 사업을 명확한 비즈니스 모델로 정리하지 않았다는 의미이기도 하다.

하지만 미국인들은 비즈니스 모델이 명확하지 않으면 사업을 시작하지 않는다. 그리고 그 모델을 누구에게나 소개해서 검증 받는 절차를 거친다. 그렇기 때문에 미국에서 벤처 사업하는 사람들이 프리젠테이션을 백 번 넘게 했다고 하는 것이다.

한국에서처럼 검증 없이 비즈니스를 진행하면 진행 중인 비즈니스 모델을 중간에 바꾸어야 하는 경우가 많이 생긴다. 그만큼 손실이 크다. 사업가가 갖추어야 하는 기본적인 능력 중에 하나가 바로 비즈니스 모델을 검증하는 능력이고 그 과정에서 자신의 아이디어를 설득하는 능력이다.

파워포인트 작성을 잘하라는 것이 아니다. 핵심 아이디어를 뽑아내고 그것을 어떻게 설득해 낼 수 있는가 하는 것이 중요하다. '컨셉트 - 비즈니스 모델 구축 - 발표 자료 작성 - 발표'로 이어지는 검증 절차를 완벽하게 준비해야 한다.

그래야 투자도 쉽고 사업의 방향도 명확해지며 실패 확률도 줄어든다. 사업가의 발표력은 중요한 비즈니스 도구이다.

8

초기 창업:
사업의 성패가 결정되는 시간

商道錄 185

진화하는 사업, 도태되는 사업

진화는 에너지의 효율성을 극대화 한 종이 살아남는 방향으로 이루어진다. 하늘을 나는 새는 더 효과적으로 비행하는 종이, 바다 속의 물고기는 보다 빠르게 헤엄치는 종이 살아남았다.

기업도 마찬가지다. 가지고 있는 자원을 가장 효율적으로 사용하여 결과를 만들어 낸 기업만 살아남는다. 만약에 경쟁 기업이 나보다 더 효율적으로 자원을 투자하면 그것이 곧 나의 위기로 다가온다.

그러한 위기가 어떻게 다가올지는 초기에는 알지 못하지만 닥치고 나면 방법이 없다. 그때는 너무 늦기 때문이다. 수많은 기업이 이런 이유로 무너진다. 경쟁자의 진화를 주시하지 않고 나의 성과에만 안주하다가 몰락하는 것이다.

사업은 끊임없이 진화하지 못하면 살아남을 수 없다. 진화를 통해서 경쟁해서 이길 수 있는 힘을 가져야 한다. 지금이 만족스럽다고 진화를 멈추면 결국엔 도태된다. 기업이 진화하는 방향을 결정해야 하는 사람은 리더이다. 리더의 생각만큼 기업은 진화한다.

승부를 결정짓는 최악의 위기

재난과 같은 심각한 상황에 맞닥뜨렸을 때 가장 중요한 것은 리더의 판단이다. 리더의 판단이 사업의 향배를 결정한다. 최악의 순간을 어떻게 대응하느냐에 따라서 사업의 미래가 결정되는 것이다.

그 순간을 결정하는 바탕에는 분명하고 명확한 원칙이 존재해야 한다. 누구의 눈치도 필요 없고 자신의 명예나 체면도 필요 없다. 사업을 끝까지 성공시킬 수 있는 방안을 찾아내는 것이 중요하다.

이런 위기 상황에서 고려해야 하는 사항이 많지만 모든 것을 일일이 해결하려고 하면 결국 타이밍을 놓치고 만다. 위기의 순간은 해결책을 제공하는 타이밍에 의해서 결정이 난다.

만일 가격 경쟁력이 없어서 수주를 받을 수 없다면 가격을 낮추어야 한다. 모든 역량을 가격을 낮출 수 있는 곳에 집중해야 하는 것이다. 바로 구조조정을 통해서 가격을 혁신적으로 바꿀 수 있을 때 경쟁력이 생긴다.

그렇게 경쟁력이 생기고 나면 다시 원래의 비용으로 회복되지는 않는다. 이미 그만큼 비용을 절감할 수 있는 시스템이 만들어졌기 때문이다.

이런 비용 절감은 분명 조직 내에 불협화음이나 미래를 위한 투자를 줄이는 부정적인 문제를 발생한다. 하지만 망해서 사라지는 것보다는 그 타이밍에 맞게 비용을 절감해서 살아남는 것이 더 중요하다. 그 시기가 길어지면 질수록 더 위험만 초래할 뿐이다.

그래서 현명한 경영자는 타이밍에 맞게 조치를 할 수 있는 위기대처 능력이 뛰어나다. 그에게 위기는 오히려 더 많은 기회를 만들어 낼 수 있는 바탕이 되기도 한다. 파도를 넘어야 육지가 보인다. 파도에 쓸려 가면 침몰밖에 없다.

商道錄 187
자신을 믿지 못하면?

사업에 성공하는 비법은 없다. 그래도 비법을 꼽아야 한다면 단 하나, 자신을 믿고 최선을 다하는 것뿐이다. 자신을 바로 보고 결점을 채워나가면서 환경의 변화에 맞춰서 최선을 다하면 적어도 망하지는 않는다.

사실 이 비법은 이미 모든 사람이 알고 있지만 실천하지 않는 게 문제이다. 눈앞이 캄캄하도록 어려운 상황에 처했을 때도 이미 알고 있는 것은 실천하는 것 외에는 방법이 없다. 그 실천의 출발은 바로 자신이다. 알고 있는 가장 기본적인 것들을 스스로를 믿고 가야 한다.

자신을 믿으려면 일단 스스로에 대한 확신이 있어야 하고 검증 과정도 있어야 한다. 만용이나 과신도 언뜻 보기엔 자신을 믿는 것처럼 보이지만 이는 진정한 믿음이 아니다.

진정으로 자신을 믿는 것은 누구나가 인정하는 원리를 스스로 믿고 끝까지 밀고나가는 것이다. 그러면 길이 보인다. 처음에는 답답하고 느려 보여도 끝까지 가면 그 길이 보인다. 산을 오르려고 하면 한 계단 한 계단 올라가야지 몇 계단 뛰어 오를 수 없다. 차근차근 올라가면 그 길이 열린다.

商道錄 188
초기 여섯 달이 성패를 결정한다

사업을 시작하고 적어도 여섯 달은 돈을 쓰지 않고 지내는 훈련을 해보라. 비굴해지기도 하고 자존심이 상하기도 할 것이다. 그러나 그 정도쯤은 사업에 실패한 후에 얻는 실망감이나 상처에 비하면 아무것도 아니다. 시작할 때부터 자금이 없어서 어찌하지 못하는 때를 준비하고 훈련해야 한다. 돈을 쓰지 않으면서도 자립할 수 있어야 한다.

사실 최소한의 비용도 못 버는 사업은 지속하기 힘들다. 남의 돈으로 사업하는 것과 같다. 그러면 항상 문제가 생긴다. 이자든 신뢰든 아니면 스스로의 자립심이든 문제가 생긴다. 따라서 여섯 달을 견디면서 스스로 자립할 만큼의 수익이 있다면 일단 사업에서 넘어지지 않는 기반은 만들어 보자. 남에게 기대어 서는 것은 비스듬해져서 결국 그 뒷받침이 없어지면 무너진다. 홀로 설 수 있어야 사업은 망하지 않는다.

商道錄 189
곧 망한다고 생각해보라

사업이 곧 망할 것이라고 생각해보면 그간의 시도나 실수 또는 관계들이 얼마나 허점이 많았는지 보인다. 구체적으로 누가 나의 고객이며 지금껏 수익을 창출했는지, 아니면 허풍을 떨면서 시간을 낭비했는지가 확인이 된다. 효율성을 극대화 시킬 때 망하지 않는다. 그런 관점을 가지고 사업을 하면 쓸데없는 낭비를 줄인다.

이익이 생기지 않는 소모적인 활동이 사업을 망친다. 그런데 생각보다 그런 활동이 많다. 사업가의 가장 큰 자산이 바로 시간이다. 시간을 어떻게 쓰느냐에 따라 사업의 성패가 결정된다.

자본이 없을 때 사람에게 가장 소중한 것이 바로 시간이다. 이 시간을 생산적으로 사용하면 누적되어 이것이 자본이 되고 조직이 되고 사업거리가 된다.

이 시간을 낭비하지 않고 물을 아껴 쓰듯이 사용해야 그게 모여서 중요한 일을 이룬다. 행동 하나 하나 항상 수익과 연결시켜 차근차근 만들어 가는 게 사업이다.

商道錄
190

외형에 집착하지 마라

사업을 하면 외형에 집착한다. 은행에 가도 제일 먼저 요구하는 것이 매출 규모이고 그밖의 관공서에서 대외적 신뢰도를 측정할 때 항상 매출 규모를 물어본다. 그래서 외형에 집착하지 않을 수가 없다.

그런데 여기서 말하는 외형의 의미는 외형을 통해서 수익을 만들어 낼 수 있는 가능성이 높다는 것이다. 즉 그만큼 수익의 가능성을 가지고 있다는 것이지 그것 자체가 수익은 아니다.

그러므로 외형 중심의 사고는 오히려 위험을 증대시킨다. 쓸데없이 외형에 집착하면 비용을 허비하게 되고 수익이 나는 사업을 만들어 내지 못한다.

수익과 외형을 택하라고 한다면 수익을 택해야 한다. 지금의 경영 환경은 과거의 성장기와 다르다. 성장기에는 충분히 매출이 커지면 무엇이든 가능했지만 저 성장기에는 수익을 먼저 생각해야 한다. 적정한 수익이 사업의 먼 장래를 결정한다는 사실을 잊지 말라.

초기 창업

191
소유권을 명확히 하라

자기 사업이 아니라 남의 사업을 해주는 사업가들이 있다. 합작으로 출발했거나 직장인의 때를 벗지 못해서 그런 경우도 있고, 사업의 소유권이 명확하지 못해서 의사결정을 제대로 못하는 경우도 있다.

분명한 것은 대표가 된 이상, 모든 책임은 나눌 수 없다. 나의 일, 나의 잘못, 내가 한 선택의 결과에 따라 회사의 성공여부가 결정된다. 그래서 최선을 다하지 않으면 안 되므로 소유권을 명확히 하고 책임과 권한이 명확해야 한다.

내 일이라는 생각이 들면 자나 깨나 앉으나 서나 어디를 가든 사업에 집중하게 되어 있다. 조금이라도 남에게 미룰 수 있다고 느끼면 나태해지고 집중력을 잃는다.

주인으로서 행동하는 방법을 배워야 한다. 주인은 그냥 되는 것이 아니다. 그 사업에 목숨을 걸 수 있는 사람이 주인이다.

商道錄 192

처음 석 달이 중요하다

리더가 되고 처음 석 달이 중요한 것은 이 석 달 이후 모든 결정에 영향을 주기 때문이다. 석 달을 제대로 보내면 여섯 달이 좋다. 여섯 달을 제대로 보내면 일 년이 좋다. 일 년을 잘 보내고 성과를 내면 삼 년의 길이 열린다. 이렇게 앞에 한 일의 성과에 따라서 그 다음 성과도 결정되는 것이 사업이다. 그래서 처음 석 달이 중요하다.

이 석 달 동안 무엇을 어떻게 할지를 정하고 매일 해야 할 일도 끊임없이 모의연습을 하며 준비해야 한다. 단계별로 해야 할 일이 있다. 이것을 단계별로 제대로 수행할 때 비로소 회사는 성장한다. 그러면 성과도 따라온다.

반대로 성장 단계별로 그에 맞는 행동이 이루어지지 않으면 성과도 그 수준으로 동결된다. 그러다가 서서히 몰락한다.

商道錄

193
사업을 평론하지 마라

한국은 세계적으로 수많은 아마추어 정치 평론가를 양산하고 있다. 하지만 정작 정치는 뒷걸음쳐서 70년대로 가고 있다.

사업에서도 아마추어의 평론을 조심해야 한다. 훈수 두기는 쉽지만 실제 실행하기란 쉽지가 않은 문제들이 한둘이 아니다. 그래서 평론하듯이 사업 또는 컨설팅에 접근하는 것은 자살행위나 다름없다.

사업은 개미가 좁쌀 하나 하나 모으듯이 모아가는 것이고 물방울이 바위를 뚫듯 지속적으로 해야 하는 것이다. 하나 하나 구체적으로 챙기고 고민하고 하지 않으면 안 되고 제품과 서비스의 디테일을 이해하지 못하면 경쟁력을 가질 수 없다.

대기업 직원이나 공무원이 사업에서 자주 실패하는 이유가 어렴풋이 알고 있는 평론가적 사실로만 사업을 바라보기 때문이다. 그 점을 알고 고치는 사람은 살아남지만 그렇지 못하면 결국 실패한다.

  사업가라면 컨설팅을 믿기보다는 손에 들어오는 동전을 믿는 것이 낫다.

商道錄
194
일 만 시간의 법칙

어느 분야에 전문가가 되려면 일 만 시간을 고민하고 투자를 해야 한다는 것이 그 유명한 일 만 시간의 법칙이다. 사업에도 이 법칙이 적용된다. 적어도 일 만 시간은 투자해야 사업에서 전문가가 되는 것이다.

사업에서 전문가란 부분적인 전문가가 아니라 총체적인 전문가를 뜻한다. 사업을 뒷받침하는 네 개의 다리 즉, 연구개발과 마케팅, 조직관리, 재무관리를 제대로 하기 위해서는 일 만 시간 정도는 투자해야 한다.

또 성공하든 실패하든 여러 번 엎치락뒤치락하는 과정이 있어야 사업의 전문성을 갖출 수 있다. 그 과정을 통해서 단련되는 것이다.

사업가의 목표는 기업의 안정과 성장이다. 이는 곧 종합적인 경쟁력을 목표로 하는 것이기 때문에 내부역량의 시너지를 극대화함으로써 이루어진다.

여기서도 가장 중요한 핵심은 시간 투자이다. 전문가라고 자랑할 것도 일시적으로 성공했다고 허세부릴 것도 없다.

반대로 사업에 잠시 실패하거나 어려워 졌다고 기죽을 필요도 없다. 사업은 쉼 없는 마라톤이라서 완전히 은퇴하기 전까지는 승부를 알 수 없다.

商道錄 195
자신감은 작아지게 돼 있다

사업을 하면 할수록 장벽이 높아 보이고 나의 부족한 면이 보인다. 모르는 분야도 너무 많다. 수십 년 동안 사업을 한 사람도 실패한 것을 보면 나는 분명 실패할 것이라고 지레 짐작한다.

그럼에도 사업가는 자신을 믿어야 한다. 사업을 수십 년 한 사람이 실패하는 이유는 너무 자만하기 때문이다. 전문가가 실패하는 이유는 자신이 잘 아는 부분을 제외하고는 다른 부분을 모르기 때문이다.

적어도 사업하는 사람은 사업의 각 부분을 전체적으로 알아야 하고 혼자만 아는 것이 아니라 조직으로 움직여야 한다. 한두 부분에서 약하더라도 전반적인 부분에서 강하면 된다.

일을 사업적으로 바라보는 시각과 전문가나 장인으로서 바라보는 관점은 다 다르다. 사업가는 사업가의 시각이 따로 있다. 그것을 믿고 가야 한다. 자신감이 떨어지는 것은 단순비교 때문이다. 사업가의 비교 대상은 경쟁자이지 전문가가 아니다. 전문가는 사업가가 인재로 활용할 수 있는 대상이다.

사업가는 비교를 하더라도 자신과 비슷한 사업을 하는 사람과 비교해야 한다. 그런 사람과 비교를 해봐도 자신감이 생기지 않는다면 사업을 충분히 준비하지 않은 것이다. 결국 자신감은 비교해서 생기는 것이 아니라 스스로 준비한 사람만이 가질 수 있는 무기이다.

商道錄

196
실패는 시도했기 때문에 발생한다

사업을 시작하기 전에 충분히 실패를 해보는 것이 좋다. 사업을 시작해서 실패하면 그만큼 손해가 더 크다. 시작 전에 실패와 성공을 충분히 해보면 적어도 사업을 시작하고 나서 생길 손해를 방지할 수 있다.

실패를 두려워하면 안 된다. 그런데 실패에도 여러 가지 종류가 있다. 전략의 실패도 있고 전술의 실패도 있고 사람의 실패도 있고 자금의 실패도 있다. 다양한 실패를 해보는 것도 좋지만 절대로 하지 말아야 하는 실패도 있다.

되도록 겪지 말아야 할 실패가 바로 핵심 파트너와의 실패이다. 실패를 통해서 핵심 파트너와의 협력을 강화해야 하는데 오히려 관계가 깨어지면 데미지가 크다.

이런 일이 발생하면 내가 하던 사업을 다시 봐야 한다. 사업의 문제인지, 나 자신의 문제인지를 판단하는 시간이 필요하다. 자신의 문제라고 판단이 되면 사업을 할 수 있을지 없을지 다시 봐야 한다. 반성 없이 다시 도전하면 또 다시 실패할 것이기 때문이다.

商道錄 197
만 원을 벌더라도 기뻐야 한다

사업의 결과는 수익으로 도출되고 수익은 사업가의 기쁨이다. 사업은 손실이 아니라 수익이 중요하다. 창업 초기의 사업가들은 아무리 미래에 큰 수익이 들어온다고 하더라도 오늘 당장 수익이 생기지 않으면 힘들다. 이럴 때 하나씩 만들어 가는 기쁨이 있어야 흔들리지 않는다.

처음에는 수익을 단돈 만 원이라도 내기 위해서 노력해야 한다. 그리고 그 수익이 지속되고 커갈 수 있도록 프로세스를 만들어야 한다. 돈을 버는 기쁨은 만 원을 벌든 일 억을 벌든 마찬가지다. 손실이 안 나게 만드는 것이 중요하기 때문에 적은 수익이라도 기쁜 마음으로 챙길 수 있어야 한다.

만약에 적은 수익을 가볍게 여기면 큰 수익이 도망간다. 작은 수익이 차근차근 쌓여서 큰 수익이 되는 것이다. 일시적으로 큰 수익에 혹하는 창업자나 사업가가 많지만 현실에서 큰 수익이란 손에 들어오기까지 시간이 오래 걸리고 들어올 확률도 낮다. 작지만 차근차근 쌓아 가는 수익이 큰 힘이 되고 큰 수익도 불러오기 때문에 실속 있다.

잊지 말아야 할 것은 공짜로 떨어지는 큰 수익은 없다. 수익을 하나씩 만들어 가다 보면 큰 수익이 되어 돌아온다. 그래서 작은 수익에도 기쁨을 느껴야 사업가이다.

작지만 그때부터 이제는 수익이 생기는 순간으로 돌입한 것이기 때문이다. 어떻게 하든지 수익을 지속적으로 만들어 낼 수 있도록 고민하고 연구해야 한다. 한번 생긴 수익을 지속적으로 유지하는 것이 경영의 힘이다.

198
안장을 올렸으면 달려라

의사결정에는 시기가 중요하다. 그것은 누구나 알지만 그 타이밍을 정하기란 쉽지 않다. 실제 사업을 하다 보면 결정을 해놓고도 잘못한 결정이 아닌가 주저하는 경우도 많다. 혹시나 다른 가능성이 있을지 모른다는 생각 때문에 가능하면 다른 대안을 찾으려고 한다.

그러나 말에 안장을 올렸으면 주저할 시간이 없다. 어떻게 하든 달려가서 목표점을 돌아야 한다. 그러는 중에 목표를 고칠 수도 있고 전술을 바꿀 수도 있다. 전부 달려가면서 해야 한다.

안장을 다시 내려놓고 생각하면 안 된다. 그러면 더 많이 손해 보고 기회를 놓치게 되어 있다. 일단 결정하고 나면 최선을 다해야 한다. 비록 실패 한다고 하더라도 그 노력의 결과는 남으니까 말이다.

우리의 생각과 달리 한 번의 실패로 모든 것이 끝나는 것은 아니다. 한번 결정한 것을 최선을 다해서 실행하지 않으면

초기 창업

그 다음에 결정을 할 때도 주저하게 되는데 오히려 그것이 실패보다 더 큰 문제이다. 때로는 잘못된 결정이라도 그것을 최선을 다해서 노력하고 개선하다 보면 최고의 결과는 아닐지 모르지만 어느 정도 만족할 만한 결과를 얻을 수 있다.

결정을 뒤집으면 오히려 손실이 더 크다. 다만 말에 안장을 올릴 때는 신중해야 하는 것은 당연하다.

199
월세나 이자는 줄여야 한다

매달 돌아오는 월세나 이자는 정말 부담스럽다. 사업을 시작할 때는 누구나 잘될 것이라 생각하기 때문에 이런 비용이 부담으로 보이지 않는다. 하지만 사업이 잘될 때도 있고 안 될 때도 있다. 월세와 이자는 잘될 때도 내야 하고, 안 될 때도 내야 한다.

사업은 장기전이다. 오래 하려면 몸을 가볍게 해야 한다. 몸이 가벼워야 오래 버틸 수도 있고 다음 기회도 기다릴 수 있다. 하지만 가진 실탄을 다 쓰면 바로 앞에 성공이 보여도 좌절할 수밖에 없다. 혼자서 역량을 한 군데 집중하며 최대한 오래 버티려면 고정비용을 줄여야 한다.

그러나 어쩔 수 없이 고정비용이 드는 사업이라면 위험을 분산해야 한다. 이자를 줄이기 위해서 투자를 받고 순이익이 나면 같이 나눌 수 있도록 하라. 함께 하는 사업은 위험성이 있어도 좋다. 사업을 혼자 해서 성공하려고 하면 철저하게 오래 버틸 수 있도록 구조를 만들어야 한다.

200
사업장과는 떨어지지 마라

사업장과 멀리 떨어지면 문제가 발생하게 되어 있다. 특히 창업 초기거나 아직 사업이 안정적이지 못할 때라면 사업장과 멀리 떨어져 있으면 안 된다. 언제든지 대응이 가능하도록 가까이에서 지켜보며 사업에 가속도를 붙여야 한다.

사업장이 떨어져 있으면 속도를 놓치기 쉽다. 속도란 바로 고객 반응 속도와 위기 반응 속도를 의미한다. 고객이 요청하는 사항을 얼마나 빠르게 대응해주는가 하는 것이 고객을 만족시키는 힘이다.

또한 위기가 발생할 때 그 위기를 초기에 진화해서 위기를 최소화시키는 것도 필요하다. 사업장이 가까이 있으면 그런 속도를 낼 수 있다.

그런데 대개 리더들은 사업장 근처에 있으려고 하지 않는다. 일이 끝나면 사업장에서 멀리 떨어져 있고 싶다. 하지만 자신의 사업장을 가까이 두고 언제든지 갈 수 있어야 하고 심지어 그곳에서 숙식도 해야 사업의 초석을 다질 수 있다.

사업은 쉽게 이루어지지 않는다. 내 손으로 하나하나 탑을 쌓는 일이다.

초기 창업

商道錄
201
제일 먼저 식구를 챙겨라

／

어려울 때 일수록 함께 하는 협력자, 또는 식구를 챙기지 못하는 경우가 많다. 어려울수록 가장 먼저 챙겨야 하는 것은 식구 같은 직원들이다. 직원들도 다 같은 직원이 아니다. 어려운 고비를 함께 넘길 수 있는 직원을 골라내고 그들에게 최선을 다해서 함께 어려움을 극복할 수 있도록 만들어야 한다.

아무리 능력 있는 리더라도 모두에게 잘해 줄 수 없고 욕심을 부렸다가는 가랑이만 찢어진다. 정말 필요하고 잘해 줄 수 있는 사람을 선정하고 그들에게 최선을 다해야 한다. 적은 숫자라도 괜찮다. 세 명만 있어도 다시 시작할 수 있다.

반대로 경쟁 상대나 적이라고 생각되면 아예 근처에도 가지 않는 것이 좋다. 역량이 딸리는 데 근접하면 결국 당하기만 한다. 힘이 약하면 오히려 잡혀 먹히기 쉽다. 같이 살아남아야 하는 사람들과 조용히, 기회를 엿봐야 한다. 최소한의 인원도 남는 사람이 없다면 그 사업은 포기하는 것이 맞다.

만약에 리더와 함께 어려운 시절을 극복한 직원이라면 최선을 다해서 보상을 해주어야 한다. 그런 사람을 가려내는 일이 어렵지만 가장 중요하게 봐야 하는 것은 능력이 아니라 마음가짐이다. 마음가짐이 분명한 사람은 남겨야 한다. 그래야 끝까지 갈 수 있다.

202
힘이 약하면 남의 힘을 빌려라

사업을 하다 보면 레버리지 효과를 이용해야 할 때가 있다. 지렛대의 원리를 이용하는 것이다. 다른 사람의 힘이 받침대가 되면 아주 작은 지렛대로도 무거운 것을 들어올릴 수가 있다. 남의 힘을 뺏는 것이 아니라 남이 가지고 있는 부분을 활용해서 사업의 가능성을 높이는 것이다.

남으로부터 도움을 받으면 그만큼은 보상을 해주어야 한다. 하지만 내가 직접 하려면 열 배 이상의 비용이 드는데 다른 사람의 힘을 이용하면 적은 비용으로 해결할 수 있다. 그럴 때는 힘을 빌려야 한다.

만약에 힘을 빌려줄 사람은 그 힘이 무엇인지, 어떻게 사용하는지 모르는 경우라면 서로 윈윈이다. 그 사람의 사업에도 도움이 되고 보상도 받을 수 있으니 서로 좋다.

사람 관계를 제대로 구축하기 위한 핵심도 바로 여기에 있다. 내가 가진 힘이 약할 때 비용을 가능한 한 줄여야 한다. 그래서 최적의 시기에, 최적의 사람의 힘을 최소의 비용으로

써야 효과를 본다. 분명 쉬운 일은 아니지만 항상 준비를 해두어야 한다. 언제 어떻게 활용하게 될지 모르기 때문이다.

　상대가 가진 능력이 무엇인지는 평상시에 파악을 해두고 있어야 한다. 그런 사람들이 여럿이라면 그 자체로 큰 힘이 된다. 사업을 할 때는 남의 힘을 나의 것으로 활용할 수 있는 능력이 반드시 필요하다.

商道錄 203
몸을 가볍게 하라

／

사업가들 중에 의외로 결혼을 하지 않는 사람들이 종종 있다. 사랑이나 연애에 서툴러서라기보다 자신이 하는 사업이 얼마나 힘들지 알기 때문이다. 사업상의 어려움으로 고생할 가족들을 생각하면 함부로 결혼을 하기 어렵다는 것이다. 결혼은 사업이 안정된 후에 하고 싶고 그래서 열심히 성공에 매진하는 사람들이 있다.

특히 남들이 하지 않는 새로운 분야를 개척하거나 문화, 예술 산업처럼 수익률이 낮은 산업에 뛰어들면 그런 고민을 많이 하게 된다. 수익률이 낮고 오랜 기간의 노력과 비용이 들 경우는 더욱 그렇다.

그래서 혼자라도 먹고 살 수 있는 구조를 만드는 것이 더욱 중요하다. 적은 비용을 오래 지속하려면 몸이 가벼워야 한다. 그렇게 몸이 가벼워서 지구력을 발휘했을 때 사업의 결과가 나온다. 가벼운 몸으로 사업에 집중함으로써 빠른 시간 내에 혼자라도 먹고 살만큼 만들어 내면 그 사업은 자리를 잡을 수 있다.

商道錄

204
고정지출을 줄여라

사업하는 사람들이 빠지기 쉬운 유혹 중에 하나가 리스나 할부이다. 일시적으로 큰돈이 필요한 기계 장치나 설비를 할부나 리스로 구매하고 매월 일정 금액을 납부할 수 있으니 좋아 보인다.

이것은 일정한 수입이 보장되었을 때는 문제가 없다. 하지만 수입이 들쑥날쑥 하는 가운데 고정비용이 발생하면 심각한 문제를 초래할 수 있다.

수입은 평균 얼마로 가늠할 것이 아니라 오르락내리락하는 것으로 봐야 한다. 낮을 때도 있고 높을 때도 있다. 문제는 낮을 때인데 과거의 수입이 저조했을 경우에 적자가 나지 않았는지 확인해 볼 필요가 있다.

그런 고려 없이 무리한 투자를 하고 매월 고정지출을 키워 놓으면 필시 문제가 발생한다. 실제 문제가 발생하면 해결하고자 노력하는 과정에 또 다른 사업의 기회들을 놓치기 쉽다. 그래서 매월 납부할 금액을 최소화시키는 것이 정말로 중요하다.

  가능하면 물품이나 설비를 중고로 사더라도 일시불로 처리하라. 누구나 새것을 사고 싶다. 하지만 사업가는 자신의 이런 욕망을 사치라고 생각해야 한다. 그래야 건실하게 사업을 운영할 수 있다.

商道錄

205
막연한 낙관주의는 금물이다

사업가들 중에 자신은 운이 좋아서 지금까지 계속 호재만 이어졌다고 자랑하는 사람들이 있다. 사례를 들어보면 운이 좋다고 인정하지 않을 수 없는 사람들도 있다. 그래서 그는 자신의 운을 지속될 것이라고 믿는다.

내가 하는 일은 언제든 성공하고 직원들은 정말 열심히 하기에 월급만 제때에 주면 아무 문제도 없다고 보는 것이다. 불확실한 미래나 위기설에 대해서는 자신과는 관계없는 딴 나라 이야기라며 들을 생각도 하지 않는다.

그런 사람이 꼭 크게 망한다. 위기는 반드시 따르기 마련이기 때문이다. 그가 하는 사업에 위기가 생기지 않았을 뿐이다. 그런데 운이 좋았던 것을 나에게는 위기가 없다고 생각해버리면 위기에 대해서 아무런 준비도 하지 않게 된다. 또 자만심에 무리한 사업으로 확장하기도 한다. 사업하는 사람 70~80%는 그런 경험을 가지고 있다.

사업은 운으로 시작할 수는 있어도 운만으로 지속적인 성공을 이어갈 수는 없다. 운이 9할이라고 하면 1할의 실력이 일을 마무리하고 위기를 극복하는 것이다.

자신의 사업에 대해서 너무 낙관적인 사람이 있으면 그 사람의 말을 3년 뒤에도 유효한지 보라. 그때까지도 사업을 제대로 하고 있다면 그 사람은 운이 좋은 사람이다.

이렇게 운이 좋은 사람을 보며 나는 운이 나쁘다고 자책하여서도 안 되지만 언제나 잘될 것이라 낙관하는 것도 금물이다. 운은 기후와 같기 때문이다. 덥기도 하고 춥기도 하고 비가 오기도 하고 바람이 불기도 하고 폭염이 닥치기도 한다.

기후가 어떻든 간에 열심히 농사를 짓는 사람이 과실을 얻는다. 희망은 막연한 낙관주의에서 오는 것이 아니라 스스로 노력한 결과에서 비롯된다.

商道錄

206
예상 수입의 정의

사업 계획서를 정리하다 보면 3년간 예상 수지를 맞추어야 하는 경우가 많다. 자료를 모으고 숫자를 맞추면 적당히 좋은 사업계획서를 만들 수 있다. 그런데 이런 사업계획서를 믿고 사업하면 큰일 난다.

사업계획서의 3년간 수지는 현금 흐름에 문제가 없다는 전제로 짜는 것이다. 전체적인 방향이 어떻게 흘러가야 한다는 목표를 세우기 위한 것이지, 현실이 아니다.

만약에 현실에서 예상 수익을 잡아 두고 비용을 쓰기 시작하면 곧바로 문제가 생긴다. 우리가 하는 사업은 하루 하루 수익을 쌓아가야 하는 것이다. 멀리 보고 가는 사업은 대기업이나 하는 사업이다. 포트폴리오를 통해서 단기적인 이익, 중기적인 이익, 장기적인 이익을 구분하고 손해를 보완하는 전략을 세우는 것은 대기업에서는 가능하다.

하지만 중소기업은 하루 하루 목숨이 위태롭다. 오늘 들어온 수입만 수입이지, 내일 들어올 것은 수입이 아니다. 심지어 이미 거래를 통해서 외상 매출금이 생겼다고 하더라도 그것은 당장 수입이 아니다. 확실하게 입금이 되어야 그것이 수입이다. 예상 수입으로 비용을 맞추면 문제가 생기기 쉽다.

  항상 들어온 수입으로만 비용지출을 한다고 생각할 때 비록 천천히 성장할지언정 망하지는 않는다. 망하는 것보다는 천천히, 꾸준히 성장하는 것이 백 번, 천 번 옳다.

207
정상 궤도 안착에 집중하라

　로켓을 발사할 때 발사 후 10초 안에 연료의 1/3을 소비한다. 초기 추진력을 얻는 것이 그만큼 힘들다는 뜻이다. 이후부터는 급격히 연료 소비가 줄어들고 대기권을 벗어나면 연료의 소비가 거의 없다. 사업도 마찬가지다. 우리가 정상궤도에 오른다는 말을 자주 쓰는데 이 말이 바로 로켓 발사 과정을 보고 하는 말이다. 정상궤도에 오를 때까지 가장 힘들지만, 이후에는 무리 없이 진행을 할 수 있다.

　중소기업의 창업 초기 3년이 가장 힘들고 리더는 감당할 수 없는 심리적 압박감이 느끼게 된다. 그러나 이 시기에 로켓이 발사되듯이 제대로 추진력을 얻으면 이후의 사업 진행이 순조롭다. 이 시기에 제대로 추진력을 만들어 내지 못하면 가면 갈수록 어려워진다. 만일 지금까지 그렇게 하지 못했다면 미련을 버리고 새로 창업하는 마음으로 다시 시작해도 늦지 않다.

　왜 초기에 추진력을 얻지 못했는지 이유를 명확히 알아야 문제를 해결할 수 있다. 첫 번째 원인은 시장 환경에 대한 정확한 이해가 없어서다. 두 번째 원인은 충분한 역량을 발휘하지 못하는 환경이 때문이다. 마지막 세 번째 원인은 현실적으로 가장 부족한 역량을 보충할 만한 인맥이나 자원이 없어서 그렇다.

이런 세 가지의 요인은 결국 사업을 시작하기 전에 먼저 판단해야 하는 요소이다. 어떻게 하면 부족한 정보를 보충할지, 좋은 환경을 만들지, 그리고 필요한 인적 자원을 준비할지를 사전에 알아야 한다. 그런 다음에 로켓을 발사하듯이 사업을 펼쳐 나가야 한다.

그렇게 추진력을 높여서 초기에 정상 궤도로 올리고 나면 사업도 안정 궤도로 돌입하는 것이다. 그래서 창업하고 처음 6개월이 가장 중요하다고 하는 것이다. 이때 바짝 집중해야 한다.

商道錄 208
허세를 경계하라

동물 중에서 가장 허세가 심한 동물은 복어일 것이다. 복어는 위기를 느끼면 순간적으로 부풀어 올라서 큰 물고기나 동물을 위협한다. 복어는 또 피 속에 엄청난 독을 품고 있다. 그런데 복어는 독 때문에 더 많은 사람들에게 잡아먹힌다.

창업을 하고 나면 허세를 부리고 싶다. 강하게 보이고 싶어서나 위기에 대응하기 위해서 허세를 부린다. 하지만 허세를 부리고 나면 그만큼의 대가를 치를 수밖에 없다. 처음에는 단순히 비용만 높아지는 것처럼 보이지만 지나고 나면 그 허세로 인해서 중요한 결정을 제대로 못하거나 판단이 둔해질 수도 있다.

또한 허세로 인해서 손해를 보는 경우도 생긴다. 대기업이나 공기업, 또는 공무원으로 일하던 사람이 사업을 하면 실패하기 쉽다고 하는데 그 주된 이유가 바로 허세이다. 그들의 경험으로는 전혀 문제가 되지 않던 것도 사업에서는 허세가 될 수 있다.

따라서 사업 초심자는 마음가짐을 새롭게 해야 한다. 부족하면 부족한대로 살아야 하고 최대한 절약하면서 과거의 습관과 이별해야 한다. 사업하기 좋은 체질로 바뀌어야 하는 것이다. 그중에서 첫 번째로 허세를 버려야 사업의 어려움을 넘길 수 있다. 허세는 단순히 눈에 보이는 비용을 넘어서 미래까지도 갉아 먹는다. 허세 부리는 습관이 몸에서 빠질 때쯤이 사업하기 좋은 상태이다.

사업을 하다 보면 자존심이 상하는 일도 많고 자괴감이 들 때도 있지만 이왕 시작했다면 잊어버리는 것이 좋다. 사업과 함께 새로움 삶을 살겠다고 다짐해야 한다. 사업하는 사람이 허세만 부리고 비장의 무기가 없으면 추풍낙엽이다.

209
빚으로 시작하지 마라

사업을 처음 하는 사람일수록 무리하지 않아야 한다. 사업 초기에는 부채가 있어도 문제가 없을 것 같지만 나중에는 상환하기 힘든 상황이 되기 쉽다. 사업 초기에는 빚을 지지 않고 할 수 있는 방법을 찾는 것이 최선이다. 대만 사람들은 빚을 내서 사업을 벌이는 것을 이해하지 못한다. 자기가 투자할 수 있는 수준에서 사업을 시작한다. 이자율이 아무리 낮아도 은행에서 대출을 받지 않는다.

한국 사람들은 대만 사람들에 비해서는 도전적이고 창의적인데 위험도 그만큼 크다. 한국의 중소기업은 사업 후 3년 이내에 망할 확률이 90% 이상이지만 대만 사람들은 성공 확률이 50% 이상이다. 창업 초기에 닥치는 어려움에 대한 대처 방법의 차이 때문에 이런 현상이 나타난다.

핵심은 빚을 내지 않고 수익을 내는 방법을 찾는 것이다. 큰 수익을 얻겠다고 빚을 내지 말라. 가능한 한 빚은 지지 않는 것이 좋고 특히 창업 초기는 빚이 없는 것이 최선이다. 허세를 부리거나 체면을 차리는 것만 피해도 빚을 피할 수 있다. 하고 싶은 일을 다 하면서 사업을 하려고 들면 사업이 어려워진다.

하영균

서울대학교 농생물학과를 졸업하고 동아대 경영대학원을 수료했다. 일본 시마노 합작회사인 우연, 한국 아웃도어 회사인 트렉스타, 독일 투자회사인 한국 프라마스를 근무했고 그후 사업을 시작했다. 동서대학교에서 신발공학과 겸임 교수로 강단에 서기도 했다. 2006년부터 사업을 시작해서 지금까지 다양한 사업을 통해서 실패와 좌절을 겪으면서도 사업이 천직이라고 생각한다. 현재는 전기 자전거 사업에 집중하고 있으며 아마도 죽을 때까지 사업을 할 것 같다. 페이스북에 사업에 관한 철학과 노하우를 소개하는 '상도록'을 연재하며 수많은 팔로우들에게 인기와 호응을 얻고 있다.

상도록

초판 발행 2017년 11월 30일

지은이 하영균

펴낸이 구난영
경영총괄 이총석
디자인 데시그
책임편집 양민영

펴낸곳 도슨트
주　소 경기도 파주시 산남로 183-25
전　화 070-4797-9111
이메일 docent2016@naver.com

ISBN 979-11-88166-11-4 (13320)

「이 도서의 국립중앙도서관 출판예정도서목록(CIP)은 서지정보유통지원시스템 홈페이지(http://seoji.nl.go.kr)와 국가자료공동목록시스템(http://www.nl.go.kr/kolisnet)에서 이용하실 수 있습니다.(CIP제어번호: CIP2017028335)」

※ 책값은 뒤표지에 있습니다.
※ 잘못된 책은 구입하신 서점에서 교환해 드립니다.
※ 이 책은 저작권법에 따라 보호를 받는 저작물이므로 무단전재와 무단복제를 금합니다.

도슨트 출판사는 독자 여러분의 참신한 아이디어가 담긴 원고를 기다리고 있습니다.
책 출간을 원하는 분은 docent2016@naver.com으로 간략한 도서정보와 연락처를 보내주세요.
소중한 경험과 지식을 기다리고 있습니다.